Kapitel 10: Künstliche Intelligenz und Marketingautomation

- KI-Anwendungen im Marketing
- Personalisierung und Kundenbindung durch KI
- Zukunftstrends im digitalen Marketing

Kapitel 1: Die Grundlagen des Digitalen Marketings

Willkommen zu einer fesselnden Reise in die faszinierende Welt des digitalen Marketings! In diesem einleitenden Kapitel tauchen wir tief in die Grundlagen des digitalen Marketings ein und enthüllen die Geheimnisse, die Ihnen helfen werden, Ihr Kleinunternehmen auf die nächste Stufe zu heben. Wir werden nicht nur die Oberfläche kratzen, sondern in die Tiefen eintauchen, um sicherzustellen, dass Sie ein solides Fundament für Ihr digitales Marketing-Abenteuer haben.

Was ist digitales Marketing und warum ist es so entscheidend?

Digitales Marketing ist wie ein magischer Schlüssel, der den Zugang zu einem riesigen Schatzkoffer von Möglichkeiten öffnet – einem Schatzkoffer, der die Art und Weise, wie Unternehmen mit ihrer Zielgruppe interagieren, revolutioniert hat. In diesem Abschnitt werden wir dieses faszinierende Konzept in all seiner Tiefe und Breite erkunden, um zu verstehen, warum es in der heutigen Geschäftswelt so entscheidend ist.

Die Transformation der Marketinglandschaft

Um das Wesen des digitalen Marketings zu verstehen, müssen wir uns zuerst an die Zeiten erinnern, in denen traditionelle Marketingmethoden die Norm waren. Denken Sie an Zeitungsanzeigen, Radiospots, Plakate und sogar Kaltakquise per Telefon. Diese Methoden waren teuer, schwer zu messen und oft ineffektiv. Unternehmen hatten Schwierigkeiten, ihre Zielgruppen genau anzusprechen, und die Ergebnisse waren oft fragwürdig.

Dann brach das digitale Zeitalter an, und mit ihm kam das digitale Marketing. Das Internet wurde zum ultimativen Spielplatz für Vermarkter, da es neue Möglichkeiten für die Interaktion mit Kunden bot. Jetzt konnten Unternehmen gezielt und kostengünstig Werbung schalten, Inhalte erstellen und die Wirksamkeit ihrer Bemühungen in Echtzeit messen.

Die Macht der Zielgruppenansprache

Ein Kernaspekt des digitalen Marketings ist die Fähigkeit, Ihre Zielgruppe auf eine bisher unerreichte Weise anzusprechen. Stellen Sie sich vor, Sie betreiben ein kleines Restaurant und möchten Menschen erreichen, die gerne Ihre köstlichen Gerichte probieren würden. Mit digitalen Marketinginstrumenten können Sie Ihre Anzeigen und Inhalte genau jenen Menschen zeigen, die in Ihrer Nähe wohnen, sich für ähnliche Küchenstile interessieren oder sogar vor kurzem nach Restaurants in Ihrer Umgebung gesucht haben. Dies ist eine präzise Zielgruppenansprache, die in der Welt des traditionellen Marketings schlicht undenkbar war.

Die Messbarkeit von Erfolg und ROI

Eine weitere transformative Eigenschaft des digitalen Marketings ist die Fähigkeit, den Erfolg Ihrer Bemühungen genau zu messen. Dies bedeutet, dass Sie nicht im Dunkeln tappen müssen, wenn es darum geht, ob Ihre Marketingausgaben Früchte tragen. Sie können messbare Kennzahlen wie Klicks, Konversionen, Umsatz und den Return on Investment (ROI) verfolgen.

Wenn Sie eine Online-Anzeige schalten, wissen Sie genau, wie viele Menschen sie gesehen, darauf geklickt und letztendlich einen Kauf getätigt haben. Dies gibt Ihnen die Möglichkeit, Ihre Strategien kontinuierlich zu optimieren und Ihr Budget effizienter einzusetzen. Im traditionellen Marketing war es schwierig bis unmöglich, derart präzise Daten zu sammeln.

Die Vielfalt der Kanäle und Möglichkeiten

Digitales Marketing ist wie ein unerschöpflicher Werkzeugkasten, gefüllt mit einer Vielzahl von Kanälen und Möglichkeiten. Hier sind einige der beliebtesten:

- **Suchmaschinenmarketing (SEM) und Suchmaschinenoptimierung (SEO):** Diese Tools helfen Ihnen, in den Suchergebnissen von Google und anderen Suchmaschinen sichtbar zu werden, wenn Menschen nach Produkten oder Dienstleistungen suchen, die Sie anbieten.

Einleitung

Die Digitale Revolution für Kleinunternehmen. Strategien und Tools

In der heutigen schnelllebigen und digital geprägten Welt ist es für Kleinunternehmen wichtiger denn je, digitales Marketing als Schlüssel zum Erfolg zu begreifen. Die Zeiten, in denen Unternehmen ausschließlich auf traditionelle Marketingmethoden vertrauten, sind vorbei. In der Ära des Internets, der sozialen Medien und der künstlichen Intelligenz können selbst die kleinsten Unternehmen mithilfe von digitalen Strategien und Tools ihr Wachstum beschleunigen und mit großen Marken konkurrieren.

Dieses Buch, "Digitales Marketing für Kleinunternehmen: Strategien und Tools," ist Ihr Tor zur aufregenden Welt des digitalen Marketings. Es ist ein Handbuch, das Ihnen helfen wird, die grundlegenden Konzepte des digitalen Marketings zu verstehen, Strategien zu entwickeln und die effektivsten Tools zu nutzen, um Ihr Kleinunternehmen erfolgreich zu machen.

Warum Digitales Marketing für Kleinunternehmen so entscheidend ist

Kleinunternehmer stehen oft vor großen Herausforderungen. Sie verfügen über begrenzte Ressourcen und müssen in einem Wettbewerbsumfeld bestehen, in dem die Konkurrenz scheinbar unüberwindlich ist. Genau hier kommt digitales Marketing ins Spiel. Es ermöglicht Kleinunternehmen, die Spielregeln zu ändern und ihre Reichweite zu erweitern, ohne ein riesiges Marketingbudget zu benötigen.

Die Digitalisierung hat die Art und Weise, wie Menschen Informationen suchen, Produkte kaufen und Unternehmen bewerten, drastisch verändert. Mit den richtigen digitalen Marketingstrategien können Sie:

- Ihre Sichtbarkeit in den Suchmaschinen erhöhen und organischen Traffic generieren.
- Eine engagierte Online-Community aufbauen, die Ihre Marke liebt und unterstützt.
- Kosteneffizienter werben und Ihr Marketingbudget optimal nutzen.
- Ihr Unternehmen für das digitale Zeitalter zukunftssicher machen.

Über dieses Buch

In den folgenden Kapiteln dieses Buches werden wir uns ausführlich mit den verschiedenen Facetten des digitalen Marketings für Kleinunternehmen auseinandersetzen. Unser Ziel ist es, Ihnen ein umfassendes Verständnis für diese spannende Disziplin zu vermitteln und Ihnen die Werkzeuge an die Hand zu geben, um sofort loszulegen. Dabei werden wir nicht nur die Theorie behandeln, sondern auch praktische Tipps und Fallstudien bieten, die Ihnen helfen werden, das Gelernte in die Tat umzusetzen.

Inhalts Verzeichniss

- **Social Media Marketing:** Plattformen wie Facebook, Instagram, Twitter und LinkedIn bieten eine direkte Verbindung zu Ihrer Zielgruppe und die Möglichkeit, Markenbekanntheit aufzubauen.
- **Content-Marketing:** Durch das Erstellen und Teilen von hochwertigem Content können Sie Ihre Zielgruppe informieren, unterhalten und überzeugen.
- **E-Mail-Marketing:** Dieser Kanal ermöglicht es Ihnen, gezielte Nachrichten und Angebote an Ihre Abonnenten zu senden und so eine engere Beziehung aufzubauen.
- **Pay-Per-Click-Werbung (PPC):** Sie zahlen nur, wenn jemand auf Ihre Anzeige klickt, was eine kosteneffiziente Methode darstellt, um gezielten Traffic zu generieren.
- **Affiliate-Marketing:** Partner können Ihre Produkte oder Dienstleistungen bewerben und erhalten im Gegenzug eine Provision für jeden Verkauf, den sie generieren.
- **Influencer-Marketing:** Sie können mit einflussreichen Personen in Ihrer Branche zusammenarbeiten, um Ihr Produkt oder Ihre Dienstleistung einem breiteren Publikum vorzustellen.

Die Bedeutung des Kundenverständnisses

Digitales Marketing eröffnet nicht nur neue Kanäle, sondern ermöglicht es Ihnen auch, Ihr Publikum genauer zu verstehen. Durch Datenanalyse können Sie mehr über die Vorlieben, Gewohnheiten und Bedürfnisse Ihrer Kunden erfahren. Dieses Wissen ist von unschätzbarem Wert, da es Ihnen ermöglicht, maßgeschneiderte Angebote zu erstellen und die Kundenzufriedenheit zu steigern.

Fazit

Digitales Marketing ist der Treibstoff für den Erfolg in der heutigen Geschäftswelt. Es bietet eine Fülle von Möglichkeiten zur präzisen Zielgruppenansprache, zur Messung des Erfolgs und zur Nutzung verschiedener Kanäle und Werkzeuge. Dieses Kapitel war nur der Anfang unseres spannenden Abenteuers im digitalen Marketinguniversum. In den folgenden Kapiteln werden wir tiefer in die verschiedenen Aspekte des digitalen Marketings eintauchen und Ihnen konkrete Strategien und Techniken vorstellen, die Ihr Unternehmen auf die Überholspur des Erfolgs führen werden. Bleiben Sie dran, denn die digitale Marketingwelt hat noch viele faszinierende Geheimnisse für uns bereit.

Die Evolution des Marketings: Von Traditionell zu Digital

Um die beispiellose Bedeutung des digitalen Marketings vollständig zu erfassen, müssen wir uns auf eine spannende Reise durch die Zeit begeben und die atemberaubende Transformation der Marketinglandschaft von ihren bescheidenen Anfängen bis zur hochentwickelten digitalen Ära nachvollziehen. Es ist eine Reise von Tradition zu Technologie, von Einschränkungen zu grenzenlosem Potenzial und von Unwissenheit zu datengesteuerter Präzision.

Die Ära des Traditionellen Marketings

Lange bevor das Internet die Welt eroberte, war das Marketing ein Handwerk, das auf physische Medien und begrenzte Kommunikationsmittel angewiesen war. Anzeigen in Zeitungen und Magazinen, Radiowerbung, Plakate und Flyer waren die Hauptwerkzeuge, auf die Unternehmen zurückgriffen, um ihre Produkte und Dienstleistungen zu bewerben. Dieses traditionelle Marketing hatte seine Verdienste, aber es war von Natur aus eingeschränkt.

Die Zielgruppenansprache war eine Herausforderung, da Unternehmen oft nur hoffen konnten, dass ihre Botschaften von den richtigen Menschen gesehen wurden. Die Wirksamkeit der Kampagnen war schwer zu messen, und die Ergebnisse waren häufig vage und subjektiv. Mit begrenzten Mitteln und einer begrenzten Reichweite war es schwierig, den Return on Investment (ROI) zu ermitteln.

Die Geburt des Digitalen Zeitalters

Dann, in den 1990er Jahren, veränderte das Aufkommen des World Wide Web alles. Das Internet brachte die Welt näher zusammen und eröffnete eine völlig neue Dimension für die Verbreitung von Informationen und die Interaktion zwischen Unternehmen und Kunden. Es war der Beginn einer Revolution, die die Art und Weise, wie Marketing betrieben wurde, für immer verändern sollte.

Das digitale Zeitalter brachte eine erstaunliche Vielfalt neuer Möglichkeiten mit sich. Unternehmen konnten nun ihre Botschaften gezielt an Menschen richten, die bereits Interesse an ihren Produkten oder Dienstleistungen zeigten.

Suchmaschinen wie Google ermöglichten es, genau dann gesehen zu werden, wenn Menschen nach bestimmten Informationen suchten. Das Internet war kein Medium mehr, das einfach passiv konsumiert wurde; es wurde interaktiv und reaktionsschnell.

Die Macht der Digitalen Präzision

Was das digitale Marketing wirklich von seinen traditionellen Vorgängern unterscheidet, ist die Fähigkeit zur Präzision. Stellen Sie sich vor, Sie betreiben ein kleines Blumengeschäft. Früher müssten Sie hoffen, dass die Anzeigen in der örtlichen Zeitung von den richtigen Menschen gesehen wurden. Heute können Sie Anzeigen schalten, die nur Personen in Ihrer unmittelbaren Umgebung anzeigen, die vor Kurzem nach "frischen Blumen" gesucht haben. Das ist Präzision in ihrer reinsten Form.

Das digitale Zeitalter ermöglicht es Unternehmen, ihre Zielgruppen anhand von Alter, Geschlecht, Interessen, Verhaltensweisen und sogar Standorten zu segmentieren. Diese feine Zielgruppenansprache führt zu höheren Konversionsraten und geringeren Marketingkosten. Mit digitalen Analysetools können Sie den Erfolg Ihrer Kampagnen in Echtzeit messen und bei Bedarf Anpassungen vornehmen.

Die Endlose Palette an Marketingkanälen

Ein weiteres beeindruckendes Merkmal des digitalen Zeitalters ist die endlose Palette an Marketingkanälen. Suchmaschinenmarketing, Content-Marketing, Social Media, E-Mail-Marketing, Influencer-Marketing, Affiliate-Marketing und viele weitere Kanäle stehen zur Verfügung, um Unternehmen ihre Botschaften zu vermitteln. Diese Vielfalt ermöglicht es Unternehmen, maßgeschneiderte Strategien zu entwickeln und ihre Marketingbemühungen zu diversifizieren.

Die Überwindung von Grenzen und Hindernissen

Eine der aufregendsten Entwicklungen im digitalen Marketing ist die Möglichkeit, geografische und finanzielle Barrieren zu überwinden. Kleine Unternehmen können nun global agieren, ohne über ein riesiges Marketingbudget zu verfügen. Sie können ihre Produkte und Dienstleistungen über das Internet an Kunden auf der ganzen Welt verkaufen, ohne physisch präsent zu sein. Dies war in der Ära des traditionellen Marketings undenkbar.

Die Roadmap für das Digitale Marketing

Die Reise in die Welt des digitalen Marketings gleicht einer aufregenden Roadmap, die uns zu aufregenden Zielen führt. In den kommenden Kapiteln dieses Buches werden wir tiefer in diese faszinierende Welt eintauchen und Ihnen die Werkzeuge und Strategien vorstellen, die Ihr Unternehmen transformieren können. Doch bevor wir weiter in die Details gehen, lassen Sie uns einen Moment innehalten und überlegen, warum diese Reise so aufregend ist und warum Sie als Unternehmer unbedingt daran teilnehmen sollten.

Die Transformation, die das Marketing in den letzten Jahren durchlaufen hat, ist nichts weniger als eine Revolution. Es ist eine Revolution in der Art und Weise, wie Unternehmen ihre Zielgruppen erreichen, wie sie Produkte und Dienstleistungen bewerben und wie sie den Erfolg ihrer Bemühungen messen. Es ist eine Revolution, die Chancengleichheit schafft und es kleinen Unternehmen ermöglicht, auf Augenhöhe mit den Giganten ihrer Branche zu konkurrieren.

Digitales Marketing ist ein mächtiges Werkzeug, das Ihnen die Kontrolle über Ihre Marketingstrategie gibt. Sie können gezielt Ihre Zielgruppe ansprechen, den Erfolg Ihrer Kampagnen in Echtzeit messen und Ihre Botschaften anpassen, um maximale Effizienz zu erzielen. Sie können Ihre Reichweite erheblich erweitern und Ihre Umsätze steigern, ohne über ein astronomisches Budget zu verfügen.

Es ist eine Reise, die Sie in die Welt der Präzision und Vielfalt führt, in der Sie Ihre Marketingbemühungen verfeinern und diversifizieren können. Es ist eine Reise, die Ihnen die Möglichkeit bietet, über geografische und finanzielle Grenzen hinweg erfolgreich zu sein. Es ist eine Reise, die Sie zu Ihren Kunden bringt und sie in die Welt Ihres Unternehmens eintauchen lässt.

Während wir uns auf diese aufregende Reise begeben, werden wir uns mit den verschiedenen Aspekten des digitalen Marketings befassen, angefangen bei der Suchmaschinenoptimierung (SEO) und dem Content-Marketing bis hin zu

Social Media Marketing, E-Mail-Marketing und vielem mehr. Wir werden Sie mit bewährten Strategien und Techniken ausstatten, die Ihnen helfen, Ihr Unternehmen auf die Überholspur des Erfolgs zu führen.

Doch das Wichtigste ist, dass diese Reise Ihnen die Möglichkeit bietet, Ihr Unternehmen zu transformieren. Sie werden nicht nur Ihr Marketing verbessern, sondern auch Ihr gesamtes Geschäft. Sie werden Ihre Kunden besser verstehen, Ihre Produkte und Dienstleistungen optimieren und langfristige Erfolge erzielen.

Bereiten Sie sich darauf vor, die Grenzen Ihrer Marketingvorstellungen zu sprengen und in eine Welt der Präzision, Vielfalt und grenzenlosen Möglichkeiten einzutreten. Wir sind erst am Anfang unserer Reise, und die aufregendsten Entdeckungen liegen noch vor uns. Machen Sie sich bereit, die digitale Marketinglandschaft zu erobern, Ihr Unternehmen zu transformieren und erfolgreich zu sein wie nie zuvor!

Die wichtigsten Begriffe und Konzepte im digitalen Marketing

Herzlichen Glückwunsch, dass Sie sich auf die spannende Reise in die Welt des digitalen Marketings eingelassen haben! In diesem Abschnitt werden wir in die faszinierende Welt der wichtigsten Begriffe und Konzepte des digitalen Marketings eintauchen. Diese Begriffe sind die Bausteine, die Ihnen helfen werden, Ihre Marketingstrategie zu verstehen, zu optimieren und erfolgreich umzusetzen. Sie sind der Schlüssel, der Ihnen die Türen zu einer erfolgreichen digitalen Marketingkampagne öffnet.

1. SEO (Suchmaschinenoptimierung)

Beginnen wir mit einem Begriff, der das Fundament des digitalen Marketings bildet: Suchmaschinenoptimierung oder SEO. Stellen Sie sich SEO als den Wegweiser vor, der Ihnen hilft, in den unendlichen Weiten des Internets gefunden zu werden. In einer Welt, in der Milliarden von Websites konkurrieren, ist es entscheidend, dass Ihre Website bei den Suchmaschinen wie Google an oberster Stelle steht.

SEO ist eine Wissenschaft für sich, und sie umfasst eine breite Palette von Techniken und Strategien. Dazu gehören die Optimierung von Inhalten, die Verbesserung der Website-Geschwindigkeit, die Verwendung von relevanten Keywords, die Erstellung qualitativ hochwertiger Backlinks und vieles mehr. Das Ziel? Ihre Website so aufzubauen und zu gestalten, dass sie den Suchmaschinen gefällt und von potenziellen Kunden leicht gefunden wird.

2. Content-Marketing

Ein weiteres Schlüsselkonzept im digitalen Marketing ist das Content-Marketing. Stellen Sie sich vor, Ihre Website ist wie ein Kunstgalerie, und Ihr Content ist die Kunst, die die Besucher anzieht und fesselt. Content-Marketing dreht sich um die Erstellung, Veröffentlichung und Verbreitung von hochwertigen Inhalten, die Ihre Zielgruppe ansprechen.

Das können Blog-Posts, Videos, Infografiken, Podcasts und vieles mehr sein. Der Zweck? Ihre Zielgruppe zu informieren, zu unterhalten und zu überzeugen. Guter Content positioniert Sie als Experte in Ihrer Branche und baut Vertrauen bei Ihren Kunden auf. Es ist der Köder, der Interessenten anlockt und sie in zahlende Kunden verwandelt.

3. Social Media Marketing

Die sozialen Medien sind längst zu einem zentralen Bestandteil des digitalen Marketings geworden. Plattformen wie Facebook, Instagram, Twitter und LinkedIn ermöglichen es Unternehmen, direkt mit ihrer Zielgruppe in Kontakt zu treten und Markenbekanntheit aufzubauen.

Social Media Marketing dreht sich um die Erstellung von ansprechenden Inhalten, die gezielte Werbung und die Interaktion mit Ihren Followern. Es ist ein Ort, an dem Sie Geschichten erzählen, Ihre Produkte präsentieren und Feedback von Kunden sammeln können. Das Ziel? Eine engere Bindung zu Ihrer Zielgruppe aufzubauen und sie dazu zu bringen, sich für Ihr Unternehmen zu interessieren und bei Ihnen einzukaufen.

4. E-Mail-Marketing

E-Mail-Marketing ist ein bewährter Weg, um Ihre Botschaft direkt in die Posteingänge Ihrer Kunden zu bringen. Es ist wie der persönliche Briefträger des digitalen Zeitalters. Mit E-Mail-Marketing können Sie gezielte Nachrichten und Angebote an Ihre Abonnenten senden und so eine engere Beziehung aufbauen.

Das Geheimnis eines erfolgreichen E-Mail-Marketings liegt in der Personalisierung und Automatisierung. Sie können Ihre E-Mails basierend auf dem Verhalten und den Interessen Ihrer Empfänger anpassen und automatisierte Kampagnen erstellen, die zur richtigen Zeit die richtige Botschaft liefern. E-Mail-Marketing ist ein unschätzbares Werkzeug, um Ihre Kundenbindung zu stärken und den Umsatz zu steigern.

5. Pay-Per-Click (PPC) Advertising

PPC-Advertising ist eine kosteneffiziente Methode, um gezielten Traffic auf Ihre Website zu lenken. Der Name sagt alles: Sie zahlen nur dann, wenn jemand auf Ihre Anzeige klickt. Die bekannteste Plattform für PPC ist Google Ads, aber auch soziale Medien bieten ähnliche Werbemöglichkeiten.

PPC-Advertising erfordert sorgfältige Planung und die Auswahl der richtigen Keywords, um sicherzustellen, dass Ihre Anzeigen bei den richtigen Suchanfragen erscheinen. Mit PPC können Sie sofort sichtbare Ergebnisse erzielen und die Reichweite Ihrer Marke erweitern.

6. KPIs (Key Performance Indicators)

Um den Erfolg Ihrer digitalen Marketingbemühungen zu messen, sind KPIs (Key Performance Indicators) unverzichtbar. KPIs sind Messwerte, die Ihnen sagen, wie gut Ihre Marketingstrategie funktioniert. Sie dienen als Leitfaden, um den Fortschritt zu verfolgen und Ihre Ziele zu erreichen.

Einige der wichtigsten KPIs im digitalen Marketing sind:

- **Conversion Rate:** Diese Kennzahl zeigt Ihnen, wie viele Besucher Ihrer Website tatsächlich eine gewünschte Aktion durchgeführt haben, wie z.B. einen Kauf, eine Anmeldung oder das Ausfüllen eines Kontaktformulars.
- **Click-Through Rate (CTR):** Die CTR gibt an, wie viele Personen auf Ihre Anzeigen oder Links geklickt haben, im Verhältnis zur Anzahl der angezeigten Impressionen. Sie ist besonders relevant für PPC-Werbung.
- **Traffic-Quellen:** Diese KPI zeigt Ihnen, woher der Traffic auf Ihre Website kommt. Sie können analysieren, ob Ihre Besucher über Suchmaschinen, soziale Medien, E-Mail oder andere Kanäle kommen.
- **Bounce Rate:** Die Bounce Rate misst den Prozentsatz der Besucher, die Ihre Website nach dem Besuch einer einzigen Seite verlassen. Eine hohe Bounce Rate kann auf Probleme mit der Website oder der Relevanz des Contents hinweisen.
- **Cost per Acquisition (CPA):** Diese Kennzahl zeigt Ihnen, wie viel es kostet, einen Kunden zu gewinnen. Sie berechnet sich aus den Gesamtkosten Ihrer Marketingkampagne geteilt durch die Anzahl der erworbenen Kunden.
- **Customer Lifetime Value (CLV):** Der CLV gibt an, wie viel ein Kunde im Laufe seiner Beziehung zu Ihrem Unternehmen voraussichtlich wert sein wird. Dies ist wichtig, um zu entscheiden, wie viel Sie in die Kundengewinnung investieren können.
- **Return on Investment (ROI):** Der ROI zeigt Ihnen, wie profitabel Ihre Marketingbemühungen sind. Er berechnet sich aus den Einnahmen im Verhältnis zu den Ausgaben.

Die Verwendung von KPIs ermöglicht es Ihnen, Ihre Strategie zu optimieren, indem Sie erkennen, welche Maßnahmen erfolgreich sind und welche Anpassungen erfordern.

7. Zielgruppen-Targeting

In der Welt des digitalen Marketings dreht sich alles um die Zielgruppenansprache. Zielgruppen-Targeting ist der Prozess, Ihre Botschaften und Anzeigen so zu gestalten, dass sie auf eine spezifische Gruppe von Menschen ausgerichtet sind, die höchstwahrscheinlich an Ihrem Produkt oder Ihrer Dienstleistung interessiert sind.

Es gibt verschiedene Arten des Zielgruppen-Targetings, darunter:

- **Demografisches Targeting:** Hierbei werden Ihre Anzeigen basierend auf dem Alter, Geschlecht, Einkommen und anderen demografischen Merkmalen Ihrer Zielgruppe ausgerichtet.
- **Verhaltensbasiertes Targeting:** Diese Methode verwendet das Verhalten der Nutzer, wie beispielsweise ihre Suchanfragen, Website-Besuche und Interaktionen in sozialen Medien, um die Zielgruppe zu definieren.
- **Geografisches Targeting:** Mit geografischem Targeting können Sie Ihre Anzeigen auf bestimmte geografische Regionen oder Standorte ausrichten, um lokale Kunden anzusprechen.
- **Interessenbasiertes Targeting:** Hierbei werden die Interessen und Vorlieben der Nutzer berücksichtigt, um Anzeigen zu schalten, die zu ihren Hobbys und Leidenschaften passen.

Die Fähigkeit, Ihre Zielgruppe präzise anzusprechen, ist ein wesentlicher Bestandteil erfolgreicher Marketingkampagnen. Durch gezieltes Targeting maximieren Sie die Effizienz Ihrer Bemühungen und erhöhen die Wahrscheinlichkeit, dass Ihre Botschaft bei den richtigen Personen ankommt.

8. Conversion-Funnel

Der Conversion-Funnel ist ein Konzept, das den Weg beschreibt, den ein potenzieller Kunde von der ersten Interaktion mit Ihrer Marke bis zur finalen Conversion zurücklegt. Dieser Weg wird oft in verschiedene Stufen unterteilt, die von der Awareness (Bewusstseinsbildung) bis zur Conversion (z. B. Kauf oder Anmeldung) reichen.

Die typischen Stufen im Conversion-Funnel sind:

- **Awareness:** In dieser Phase wird die Aufmerksamkeit Ihrer Zielgruppe auf Ihre Marke gelenkt, oft durch Content-Marketing, Social Media oder Suchmaschinenmarketing.
- **Interest:** Hier beginnen die Interessenten, sich näher mit Ihrem Angebot auseinanderzusetzen, indem sie Ihre Website besuchen und mehr über Ihre Produkte oder Dienstleistungen erfahren.
- **Consideration:** In dieser Phase vergleichen die Interessenten verschiedene Optionen und prüfen, ob Ihr Angebot ihren Bedürfnissen entspricht.
- **Intent:** Jetzt sind die Interessenten bereit, eine Handlung zu ergreifen, z. B. einen Kauf zu tätigen oder sich anzumelden.
- **Conversion:** In dieser letzten Phase wird die Handlung ausgeführt, und der Interessent wird zum Kunden.

Die Analyse des Conversion-Funnels hilft Ihnen, Engpässe oder Schwachstellen in Ihrer Marketingstrategie zu identifizieren und zu beheben, um sicherzustellen, dass mehr Interessenten die Reise bis zur Conversion abschließen.

9. Customer Journey

Die Customer Journey beschreibt die gesamte Erfahrung, die ein Kunde mit Ihrer Marke macht, von der ersten Interaktion bis zur Langzeitbindung. Diese Reise kann komplex sein und verschiedene Berührungspunkte enthalten, einschließlich Website-Besuche, E-Mail-Kommunikation, Social Media-Interaktionen, Kundenservice-Anfragen und mehr.

Die Customer Journey zu verstehen ist von entscheidender Bedeutung, um die Bedürfnisse und Erwartungen Ihrer Kunden zu erfüllen. Sie können die Customer Journey durch Analysen, Kundenfeedback und datengesteuerte Entscheidungen optimieren, um sicherzustellen, dass jeder Schritt auf dem Weg ein positives Erlebnis für Ihre Kunden darstellt.

10. Remarketing

Remarketing ist eine clevere Strategie im digitalen Marketing, die es Ihnen ermöglicht, Personen anzusprechen, die bereits Interesse an Ihrer Marke oder Ihren Produkten gezeigt haben. Wenn ein Besucher Ihre Website besucht hat, aber keine Conversion durchgeführt hat, können Sie ihn durch Remarketing-Kampagnen erneut ansprechen, um eine erneute Interaktion zu fördern.

Die Idee hinter Remarketing ist, dass Menschen, die bereits mit Ihrer Marke in Kontakt gekommen sind, eher dazu neigen, zu konvertieren, wenn sie erneut mit Ihrer Botschaft in Berührung kommen. Dies kann durch das Schalten von gezielten Anzeigen auf anderen Websites, in sozialen Medien oder per E-Mail erreicht werden.

Remarketing ermöglicht es Ihnen, potenzielle Kunden auf subtile und effektive Weise daran zu erinnern, warum sie sich für Ihre Marke interessiert haben, und sie zur finalen Conversion zu führen.

11. Mobile Optimierung

Die mobile Optimierung ist heute von entscheidender Bedeutung, da immer mehr Menschen mobile Geräte wie Smartphones und Tablets für den Zugriff auf das Internet nutzen. Ihre Website und Ihre Marketinginhalte sollten so gestaltet sein, dass sie auf mobilen Geräten reibungslos funktionieren und eine gute Benutzererfahrung bieten.

Die Geschwindigkeit, die Anpassung an verschiedene Bildschirmgrößen und die Benutzerfreundlichkeit auf mobilen Geräten sind Schlüsselelemente der mobilen Optimierung. Google und andere Suchmaschinen berücksichtigen diese Faktoren bei der Bewertung Ihrer Website für die Suchergebnisse, daher ist die mobile Optimierung auch aus SEO-Sicht wichtig.

12. A/B-Testing

A/B-Testing, auch Split-Testing genannt, ist eine Methode zur Verbesserung Ihrer Marketingkampagnen und Website durch den Vergleich zweier Versionen eines Elements, um festzustellen, welche besser funktioniert. Dies kann für Überschriften, Anzeigentexte, Call-to-Action-Buttons oder andere Elemente Ihrer Website oder Kampagnen durchgeführt werden.

Indem Sie verschiedene Varianten testen und die Leistung messen, können Sie fundierte Entscheidungen treffen, um Ihre Conversion-Raten zu erhöhen und Ihre Marketingstrategie zu optimieren. A/B-Testing ist eine iterative Methode, die kontinuierlich eingesetzt werden kann, um ständige Verbesserungen vorzunehmen.

13. Virales Marketing

Virales Marketing ist eine Strategie, bei der Marken versuchen, Inhalte zu erstellen, die von den Nutzern freiwillig geteilt und verbreitet werden. Das Ziel ist es, eine virale Welle von Aufmerksamkeit und Interaktion zu erzeugen, die Ihre Marke bekannter macht.

Virales Marketing kann durch humorvolle, emotionale oder fesselnde Inhalte erreicht werden, die die Nutzer dazu anregen, sie mit ihren Netzwerken zu teilen. Social Media ist oft der ideale Kanal für virales Marketing, da es einfacher ist, Inhalte in kurzer Zeit an eine breite Zielgruppe zu verbreiten.

14. Datenschutz und Compliance

Mit der zunehmenden Bedeutung digitaler Marketingstrategien sind auch Datenschutz und Compliance zu wichtigen Themen geworden. Unternehmen müssen sicherstellen, dass sie die Datenschutzbestimmungen und Vorschriften einhalten, um das Vertrauen ihrer Kunden zu gewinnen und rechtliche Probleme zu vermeiden.

Die Datenschutz-Grundverordnung (DSGVO) in der EU und ähnliche Gesetze weltweit setzen strenge Anforderungen an die Erhebung und Verarbeitung von personenbezogenen Daten. Dies erfordert eine transparente Kommunikation mit Ihren Kunden und die Implementierung geeigneter Sicherheitsmaßnahmen.

15. Marketing-Automation

Marketing-Automation ist eine Technologie, die es Unternehmen ermöglicht, Marketingaufgaben und -prozesse zu automatisieren. Dies kann die Erstellung und Versendung von E-Mails, das Management von Social Media-Kampagnen, das Lead Scoring und vieles mehr umfassen.

Die Vorteile von Marketing-Automation sind die Steigerung der Effizienz, die Verbesserung der Personalisierung und die Möglichkeit, mehr Leads in zahlende Kunden umzuwandeln. Es ermöglicht Ihnen auch, den Erfolg Ihrer Marketingaktivitäten besser zu messen und zu analysieren.

16. Return on Investment (ROI)

Der Return on Investment (ROI) ist ein entscheidender Begriff im digitalen Marketing. Es zeigt Ihnen, wie profitabel Ihre Marketingbemühungen im Vergleich zu den Kosten sind. Der ROI ist ein Schlüsselindikator, um den Erfolg Ihrer Kampagnen zu messen und sicherzustellen, dass Sie einen positiven finanziellen Nutzen erzielen.

ROI kann auf verschiedene Weisen berechnet werden, aber im Wesentlichen vergleicht er die Kosten Ihrer Marketingkampagne mit den erzielten Einnahmen. Ein positiver ROI bedeutet, dass Sie mehr verdienen als Sie ausgeben, während ein negativer ROI auf ineffiziente Marketingausgaben hinweist.

Das sind einige der wichtigsten Begriffe und Konzepte im digitalen Marketing, die Sie auf Ihrer Reise zum Erfolg kennen sollten. Diese Bausteine bilden das Grundgerüst Ihrer digitalen Marketingstrategie und helfen Ihnen, Ihre Kampagnen zu planen, zu optimieren und erfolgreich umzusetzen. Indem Sie diese Konzepte verstehen und geschickt einsetzen, können Sie Ihr Kleinunternehmen auf die Überholspur des digitalen Marketings führen und den Weg zum Bestseller ebnen.

17. Influencer-Marketing

Influencer-Marketing ist eine immer beliebter werdende Strategie im digitalen Zeitalter. Dabei arbeiten Unternehmen mit einflussreichen Personen in ihrer Branche oder Nische zusammen, um ihre Produkte oder Dienstleistungen zu bewerben. Diese Influencer haben oft eine treue Anhängerschaft, die ihnen vertraut und auf ihre Empfehlungen achtet.

Influencer-Marketing kann in Form von gesponserten Beiträgen auf Social Media, Produktbewertungen, Gastbeiträgen oder Podcast-Auftritten umgesetzt werden. Der Schlüssel zum Erfolg liegt darin, den richtigen Influencer zu finden, der zu Ihrer Marke passt, und eine authentische Zusammenarbeit zu entwickeln.

18. User-Generated Content (UGC)

User-Generated Content bezieht sich auf Inhalte, die von Ihren Kunden oder Nutzern erstellt werden und Ihre Marke positiv darstellen. Dies kann in Form von Kundenbewertungen, Testimonials, Fotos, Videos oder Blogbeiträgen geschehen.

UGC ist wertvoll, da es Authentizität vermittelt und das Vertrauen potenzieller Kunden stärken kann. Es zeigt, dass andere Menschen Ihre Produkte oder Dienstleistungen schätzen und nutzen. Sie können UGC aktiv sammeln und in Ihre Marketingstrategie einbeziehen, um die Glaubwürdigkeit Ihrer Marke zu steigern.

19. Customer Relationship Management (CRM)

CRM-Systeme sind Tools, die Unternehmen dabei unterstützen, Kundenbeziehungen effektiv zu verwalten. Diese Systeme ermöglichen es, Kundeninformationen zu sammeln, zu organisieren und zu analysieren, um eine bessere Kundenbetreuung zu gewährleisten.

Durch die Verwendung eines CRM-Systems können Sie personalisierte Marketingkampagnen erstellen, den Kaufverlauf Ihrer Kunden verfolgen, Kundenanfragen verwalten und vieles mehr. Dies hilft dabei, eine enge und langfristige Bindung zu Ihren Kunden aufzubauen.

Kapitel 2: Die Entwicklung Ihrer Digitalen Marketingstrategie

Herzlichen Glückwunsch, dass Sie sich entschieden haben, den aufregenden Weg des digitalen Marketings zu erkunden! In diesem Kapitel werden wir in die Welt der Strategie eintauchen - das Herzstück eines jeden erfolgreichen digitalen Marketingplans. Wie ein erfahrener Kapitän auf hoher See, der seine Karte studiert und seinen Kurs festlegt, werden auch Sie lernen, Ihre Marketingstrategie zu entwickeln und auf Kurs zu halten, um Ihr Ziel zu erreichen.

Aber lassen Sie uns zunächst in die Tiefen dieses Kapitels eintauchen und verstehen, warum eine klug ausgearbeitete digitale Marketingstrategie entscheidend ist. In einer Welt, die von ständigem Wandel und starker Konkurrenz geprägt ist, ist eine Strategie Ihr Kompass, der Ihnen den Weg weist, Ihr Schiff (Ihr Unternehmen) auf Erfolgskurs zu halten.

Eine digitale Marketingstrategie ist wie ein Bauplan für Ihr Unternehmen. Sie legt fest, wie Sie Ihre Ziele erreichen, Ihre Ressourcen optimal einsetzen und Ihre Botschaften an Ihre Zielgruppe übermitteln. Ohne eine klare Strategie laufen Sie Gefahr, im digitalen Ozean zu treiben, ohne ein bestimmtes Ziel vor Augen zu haben.

Ihre digitale Marketingstrategie wird Ihnen helfen, folgende Fragen zu beantworten:

1. **Was sind Ihre Ziele?** Möchten Sie mehr Kunden gewinnen, den Umsatz steigern oder die Markenbekanntheit erhöhen? Ihre Ziele sind der Nordstern, an dem Sie sich orientieren.
2. **Wer ist Ihre Zielgruppe?** Wer sind die Menschen, die Ihre Produkte oder Dienstleistungen benötigen und kaufen werden? Ihre Zielgruppe zu kennen, ermöglicht es Ihnen, gezielte Marketingbotschaften zu erstellen.
3. **Welche Kanäle nutzen Sie?** Welche digitalen Plattformen und Kanäle sind am besten geeignet, um Ihre Zielgruppe zu erreichen? Ob Social Media, E-Mail, Content-Marketing oder PPC-Werbung, die Auswahl der richtigen Kanäle ist entscheidend.
4. **Was ist Ihre Botschaft?** Welche Geschichte erzählen Sie Ihren Kunden? Ihre Botschaft muss ansprechend, relevant und authentisch sein, um die Aufmerksamkeit zu gewinnen.
5. **Wie messen Sie den Erfolg?** Welche Kennzahlen werden Ihnen zeigen, ob Ihre Strategie erfolgreich ist? Ein klar definiertes Messsystem ist entscheidend, um den Fortschritt zu überwachen.
6. **Wie passen Sie sich an?** In einer sich ständig verändernden digitalen Landschaft ist Flexibilität wichtig. Ihre Strategie sollte anpassungsfähig sein, um auf neue Entwicklungen und Trends reagieren zu können.

Ihre digitale Marketingstrategie ist mehr als nur ein Dokument; sie ist ein lebendiges Werkzeug, das Ihnen hilft, den Erfolg Ihres Unternehmens zu steuern. In den kommenden Abschnitten dieses Kapitels werden wir tiefer in diese Fragen eintauchen, Strategien entwickeln und Tools kennenlernen, die Ihnen dabei helfen werden, Ihre Marketingziele zu erreichen.

Bereiten Sie sich darauf vor, Ihre digitale Marketingstrategie zu entwickeln und Ihr Unternehmen auf eine aufregende Reise zu schicken. Eine gut durchdachte Strategie wird Ihnen den Weg weisen, Ihre Ressourcen optimieren und Ihnen die Gewissheit geben, dass Sie auf Kurs sind, um Ihre Ziele zu erreichen. Machen Sie sich bereit, Ihre Strategie zu formen und Ihr Unternehmen auf Erfolgskurs zu steuern!

Zielsetzung und Zielgruppenanalyse: Die Wegweiser zu Ihrem Erfolg

In der Welt des digitalen Marketings gibt es ein altes Sprichwort: "Wer nicht weiß, wohin er segelt, für den ist kein Wind der richtige." Dieser weise Satz verdeutlicht die immense Bedeutung von Zielsetzung und Zielgruppenanalyse in Ihrer digitalen Marketingstrategie. Stellen Sie sich vor, Sie sind der Kapitän eines Schiffes und Ihre Ziele sind die Sterne am Nachthimmel - sie leiten Sie auf Ihrer Reise. Lassen Sie uns gemeinsam diesen spannenden Abschnitt erkunden, der Ihnen helfen wird, Ihre Ziele klar zu definieren und Ihre Zielgruppe genau zu verstehen.

Warum sind Ziele so entscheidend?

Ziele sind der Treibstoff, der Ihr digitales Marketing antreibt. Sie sind die Messlatte, an der Sie den Erfolg Ihrer Bemühungen messen. Doch warum sind klare Ziele so entscheidend?

Stellen Sie sich vor, Sie führen ein kleines Unternehmen, das handgefertigte Schmuckstücke herstellt. Ihr Ziel könnte sein, in den nächsten 12 Monaten den Online-Umsatz um 30% zu steigern. Dieses Ziel dient als Leitfaden für Ihre gesamte Marketingstrategie. Es beeinflusst, welche Kanäle Sie nutzen, welche Zielgruppen Sie ansprechen und welche Botschaften Sie vermitteln.

Ein klar definiertes Ziel gibt Ihnen auch die Motivation, hart zu arbeiten und Hindernisse zu überwinden. Wenn Sie wissen, wohin Sie segeln, werden Sie entschlossener sein, den Kurs zu halten, selbst wenn stürmische Gewässer auftreten.

Beispiele für Ziele in Kleinunternehmen:

1. **Umsatzsteigerung:** Ein Café in einer belebten Stadt könnte als Ziel setzen, den monatlichen Umsatz um 15% zu steigern, indem es neue Kunden gewinnt und die Bestellungen pro Kunde erhöht.
2. **Markenbekanntheit:** Ein aufstrebendes Modelabel könnte als Ziel haben, die Markenbekanntheit um 20% innerhalb eines Jahres durch Social Media-Marketing und Influencer-Zusammenarbeit zu steigern.
3. **Lead-Generierung:** Ein kleines Softwareunternehmen könnte als Ziel setzen, innerhalb von sechs Monaten 100 qualifizierte Leads für seine Softwarelösung zu generieren.
4. **Kundenbindung:** Ein lokaler Blumenladen könnte als Ziel haben, die Kundenbindung zu stärken, indem er ein Treueprogramm einführt und die Wiederholungskäufe um 25% steigert.

Die Kunst der Zielgruppenanalyse:

Eine erfolgreiche digitale Marketingstrategie erfordert nicht nur klare Ziele, sondern auch eine genaue Kenntnis Ihrer Zielgruppe. Die Zielgruppenanalyse ist der Prozess, bei dem Sie Ihre potenziellen Kunden genau verstehen lernen - ihre Bedürfnisse, Wünsche, Vorlieben und Verhaltensweisen.

Warum ist die Zielgruppenanalyse so wichtig? Stellen Sie sich vor, Sie sind ein Angler, der in einem riesigen Ozean nach Fischen sucht. Ohne zu wissen, welche Fischarten dort leben und welche Köder sie bevorzugen, werden Sie nur selten Erfolg haben. Die Zielgruppenanalyse ist Ihr Werkzeug, um genau zu wissen, welche "Fische" Sie fangen möchten und welche "Köder" Sie verwenden sollten.

Beispiel für die Zielgruppenanalyse:

Angenommen, Sie betreiben ein kleines Familienrestaurant in einer Kleinstadt. Sie haben bereits eine treue Stammkundschaft, möchten aber mehr Kunden in Ihrem Alter erreichen. Ihre Zielgruppenanalyse könnte ergeben, dass junge Eltern zwischen 25 und 35 Jahren eine vielversprechende Zielgruppe sind.

Durch Ihre Analyse wissen Sie, dass diese Eltern oft wenig Zeit zum Kochen haben, aber dennoch Wert auf gesunde Ernährung legen. Sie könnten nun Ihre Marketingbotschaft an diese Zielgruppe anpassen, indem Sie betonen, dass Ihr Restaurant frische, hausgemachte Gerichte für Familien bietet, die schnell und gesund sind.

Die Psychologie Ihrer Zielgruppe verstehen:

Um Ihre Zielgruppe wirklich zu verstehen, müssen Sie tiefer gehen und die psychologischen Aspekte berücksichtigen. Was bewegt sie? Welche Bedenken haben sie? Welche Ziele verfolgen sie? Je besser Sie die Emotionen und Bedürfnisse Ihrer Zielgruppe verstehen, desto effektiver können Sie Ihre Marketingbotschaften gestalten.

Zurück zu unserem Beispiel des Familienrestaurants: Wenn Sie verstehen, dass junge Eltern oft gestresst sind und nach einer Auszeit suchen, können Sie Ihre Botschaft auf Entspannung und gemeinsame Familienzeit ausrichten. Sie könnten Angebote für Familienabende oder kinderfreundliche Menüoptionen bewerben, um diese Bedürfnisse zu erfüllen.

Die Kraft der Personas:

Eine bewährte Methode zur Vertiefung Ihrer Zielgruppenanalyse sind sogenannte "Personas". Dabei handelt es sich um fiktive, aber auf realen Daten basierende Charakterprofile Ihrer idealen Kunden. Diese Personas helfen Ihnen dabei, sich in Ihre Zielgruppe hineinzuversetzen und maßgeschneiderte Marketingstrategien zu entwickeln.

In unserem Beispiel des Familienrestaurants könnten Sie zwei Personas erstellen: "Mama Maria" und "Papa Peter". Maria ist eine junge Mutter, die sich gesunde Mahlzeiten für ihre Familie wünscht, aber wenig Zeit zum Kochen hat. Peter ist ein berufstätiger Vater, der nach einem Ort sucht, an dem er qualitativ hochwertige Zeit mit seiner Familie verbringen kann. Ihre Marketingbotschaften können jetzt gezielt auf diese beiden Personas abgestimmt werden.

Der Weg zu Bestsellern:

Indem Sie Ihre Ziele klar definieren und Ihre Zielgruppe in all ihren Facetten verstehen, schaffen Sie die Grundlage für eine digitale Marketingstrategie, die Ihre Leser in ihren Bann zieht. Die Beispiele und Ansätze, die Sie für Ihr kleines Unternehmen verwenden können, verleihen Ihrer Reise eine persönliche Note und vermitteln die Botschaft, dass digitales Marketing für jedes Unternehmen erreichbar ist.

Bereiten Sie sich darauf vor, Ihre Ziele zu setzen und Ihre Zielgruppe zu analysieren, als wären Sie ein Abenteurer, der eine aufregende Expedition plant. Ihre Reise im digitalen Marketing wird von klaren Zielen und einer tiefen Verbindung zu Ihrer Zielgruppe geprägt sein, und Sie werden feststellen, dass der Wind in die richtige Richtung weht, um Ihr Unternehmen auf Erfolgskurs zu bringen. Wir werden in diesem Kapitel weiter in die Details eintauchen und Ihnen Werkzeuge an die Hand geben, um Ihre Ziele zu erreichen und Ihre Zielgruppe zu begeistern.

Wettbewerbsanalyse und Positionierung: Der Schlüssel zur Einzigartigkeit

In der wilden Welt des digitalen Marketings sind wir oft von einer Vielzahl von Informationen und Reizen umgeben. In diesem Ozean der Optionen ist es entscheidend, dass Ihr kleines Unternehmen nicht nur gesehen wird, sondern auch in Erinnerung bleibt. Genau hier kommen die Wettbewerbsanalyse und die Positionierung ins Spiel. Diese beiden Elemente sind der Schlüssel, um Ihre Marke in der Menge hervorzuheben und Ihre einzigartige Identität zu schärfen. Tauchen wir gemeinsam ein in die spannende Welt der Wettbewerbsanalyse und Positionierung und erfahren Sie, wie Sie sich von Ihren Konkurrenten abheben können.

Warum ist Wettbewerbsanalyse so entscheidend?

Stellen Sie sich vor, Sie sind ein Entdecker in einem fremden Land, und Sie stehen vor einer Kreuzung mit mehreren unbekannten Wegen. Welchen Pfad wählen Sie? Die Wettbewerbsanalyse ist Ihr Kompass, der Ihnen hilft, den besten Weg zu erkennen und die Entscheidungen zu treffen, die Ihr Unternehmen voranbringen.

Die Wettbewerbsanalyse ist der Prozess, bei dem Sie Ihre Konkurrenten genau unter die Lupe nehmen, um deren Stärken, Schwächen und Strategien zu verstehen. Wenn Sie wissen, was Ihre Konkurrenten tun, können Sie klugere Entscheidungen treffen und sich auf Ihre Alleinstellungsmerkmale konzentrieren.

Beispiele für Wettbewerbsanalyse in Kleinunternehmen:

1. **Lokales Café:** Ein kleines Café in einer belebten Innenstadt könnte feststellen, dass ein Mitbewerber ein erfolgreiches Treueprogramm anbietet. Durch die Analyse erfährt das Café, dass Kunden Treueprämien schätzen. Als Reaktion darauf kann das Café ein ähnliches Treueprogramm einführen, aber mit eigenen kreativen Akzenten.
2. **Online-Modegeschäft:** Ein kleines Online-Modegeschäft könnte feststellen, dass ein Konkurrent auf Social Media sehr erfolgreich ist, indem er Influencer-Marketing nutzt. Durch die Wettbewerbsanalyse erkennt das Geschäft, dass die Zielgruppe auf Instagram aktiv ist. Es beschließt, eine Influencer-Kampagne auf Instagram zu starten, um die Reichweite zu erhöhen.
3. **Handgemachter Schmuckhersteller:** Ein handgemachter Schmuckhersteller kann bemerken, dass ein Mitbewerber erfolgreich auf Etsy verkauft. Dies führt zur Erkenntnis, dass die Zielgruppe gerne auf kreativen Handwerksplattformen einkauft. Das Unternehmen beschließt, seine Präsenz auf Etsy zu stärken, um diese Zielgruppe anzusprechen.

Positionierung: Ihr Weg zur Einzigartigkeit

Die Wettbewerbsanalyse hilft Ihnen, Ihre Konkurrenten zu verstehen, aber die Positionierung ist der Schritt, bei dem Sie Ihre eigene einzigartige Identität definieren. Es ist wie die Gestaltung Ihres Unternehmens als Kunstwerk, das in der Welt des digitalen Marketings strahlen wird.

Die Positionierung beinhaltet die Frage: "Was macht uns einzigartig?" Ihre Positionierung ist das Versprechen, das Sie Ihren Kunden geben. Es geht darum, wie Ihre Marke wahrgenommen wird und welchen Platz sie in den Köpfen Ihrer Zielgruppe einnimmt.

Beispiel für Positionierung in einem Kleinunternehmen:

Stellen Sie sich vor, Sie führen ein kleines Familienrestaurant. In Ihrer Wettbewerbsanalyse haben Sie festgestellt, dass es in Ihrer Gegend viele Restaurants gibt, die italienische Küche anbieten. Sie könnten sich für eine Positionierung entscheiden, die auf frischen, regionalen Zutaten und traditionellen Familienrezepten basiert. Dadurch heben Sie sich von den typischen italienischen Restaurants ab und bieten Ihren Gästen ein authentisches und einzigartiges kulinarisches Erlebnis.

Die Kunst der Positionierung:

Die Positionierung ist nicht nur eine Frage des Produkts oder der Dienstleistung, sondern auch der Botschaft und des Gefühls, das Sie vermitteln. Denken Sie an Apple, das sich als Marke für Innovation und Design positioniert hat. Oder an Nike, das die Positionierung "Just Do It" vermittelt, um Kunden zu motivieren und zu inspirieren.

In Ihrer Positionierung geht es darum, eine starke emotionale Verbindung zu Ihrer Zielgruppe herzustellen. Sie sollten sich fragen: Welche Werte, Überzeugungen und Geschichten sind mit Ihrer Marke verbunden? Wie können Sie diese Elemente nutzen, um eine tiefere Bindung zu Ihren Kunden aufzubauen?

Die 4 Ps der Positionierung:

Eine bewährte Methode zur Positionierung ist die Verwendung der "4 Ps":

1. **Produkt:** Was bietet Ihr Produkt oder Ihre Dienstleistung, das es einzigartig macht? Welche Features oder Vorteile sind besonders herausragend?
2. **Preis:** Wie positionieren Sie sich in Bezug auf den Preis? Sind Sie preisgünstiger, premium oder bieten Sie ein herausragendes Preis-Leistungs-Verhältnis?
3. **Place (Ort):** Wo und wie vertreiben Sie Ihr Produkt oder Ihre Dienstleistung? Ist Ihre Präsenz lokal, online oder international?
4. **Promotion (Werbung):** Welche Botschaften und Geschichten verwenden Sie, um Ihre Marke zu positionieren? Welche emotionalen Verbindungen schaffen Sie?

Positionierung in der Praxis:

Die Positionierung Ihres Kleinunternehmens sollte in all Ihren Marketingaktivitäten sichtbar sein. Von Ihrer Website und Social-Media-Präsenz bis hin zu Werbekampagnen und Kundenkommunikation - Ihre Positionierung sollte konsistent und klar erkennbar sein.

Zurück zu unserem Beispiel des Familienrestaurants: Wenn Sie sich auf frische, regionale Zutaten und traditionelle Familienrezepte positionieren, sollten Ihre Marketingmaterialien diese Botschaft verstärken. Sie könnten auf Ihrer Website die Herkunft der Zutaten hervorheben, Geschichten über die Familie und die Kochtraditionen erzählen und Bilder von glücklichen Gästen beim Genuss Ihrer Speisen zeigen.

Der Weg zum Bestseller:

Die Wettbewerbsanalyse und die Positionierung sind die Werkzeuge, die Ihr Unternehmen von der Konkurrenz abheben und in den Köpfen Ihrer Kunden verankern. Die Beispiele, die wir für Ihr kleines Unternehmen verwendet haben, verdeutlichen, wie diese Konzepte in der Praxis angewendet werden können, um eine einzigartige Identität und Wettbewerbsvorteile zu schaffen.

Ihre Wettbewerbsanalyse und Positionierung sollten kontinuierlich überwacht und angepasst werden, um den sich ändernden Marktbedingungen gerecht zu werden und weiterhin relevant zu bleiben. Lassen Sie uns tiefer in diese Konzepte eintauchen und sehen, wie sie Ihr kleines Unternehmen auf dem Weg zum Bestseller unterstützen können.

Die Wettbewerbsanalyse in Aktion:

Die Wettbewerbsanalyse beginnt mit einer gründlichen Recherche Ihrer Mitbewerber. Identifizieren Sie die Hauptakteure in Ihrer Branche oder Nische und sammeln Sie Informationen über ihre Produkte, Dienstleistungen, Preise, Zielgruppen, Marketingstrategien und Stärken und Schwächen.

Nehmen wir an, Sie betreiben ein kleines Unternehmen, das handgefertigte Bio-Seifen herstellt. Ihre Wettbewerbsanalyse ergibt, dass es bereits einige etablierte Mitbewerber gibt, die ähnliche Produkte anbieten. Ein Mitbewerber hebt sich jedoch hervor, indem er seine umweltfreundlichen Verpackungen und sein Engagement für soziale Nachhaltigkeit betont.

Infolge dieser Analyse könnten Sie beschließen, Ihr Alleinstellungsmerkmal auf die Verwendung von 100% biologisch abbaubaren Verpackungen zu legen und Ihr Engagement für den Erhalt der Umwelt zu betonen. Dies könnte Ihre Zielgruppe ansprechen, die sich für nachhaltige Produkte interessiert.

Positionierung für Einzigartigkeit:

Die Positionierung ist der Prozess, bei dem Sie Ihre Marke in den Köpfen Ihrer Kunden verankern und eine klare Botschaft darüber vermitteln, warum Ihr Unternehmen einzigartig ist. Es geht darum, eine emotionale Verbindung zu schaffen und Vertrauen aufzubauen.

Nehmen wir an, Sie führen ein kleines Boutique-Fitnessstudio. Ihre Positionierung könnte darauf abzielen, eine Gemeinschaft von Menschen aufzubauen, die sich gegenseitig motivieren und unterstützen. Ihre Botschaft könnte lauten: "Wir sind mehr als nur ein Fitnessstudio - wir sind eine FitFam, die zusammen stark wird."

Diese Positionierung kann in Ihrer gesamten Marketingstrategie sichtbar sein. Sie könnten in Ihren Social-Media-Posts Geschichten von Mitgliedern teilen, die ihre Fitnessziele erreicht haben, und Betonung auf die familiäre Atmosphäre in Ihrem Studio legen.

Die Macht der Einzigartigkeit:

Ihre Einzigartigkeit ist Ihr Wettbewerbsvorteil. Es ist das, was Ihre Marke von anderen abhebt und Kunden dazu bringt, sich für Sie zu entscheiden. Betrachten Sie Unternehmen wie Tesla, die sich durch ihre Fokussierung auf Elektromobilität und innovative Technologie positioniert haben, oder Airbnb, das Reisenden einzigartige Unterkünfte und persönliche Erlebnisse bietet.

Ihre Einzigartigkeit sollte in jeder Facette Ihres Unternehmens widergespiegelt werden, angefangen bei Ihrem Logo und Ihrer Website bis hin zu Ihren Produkten oder Dienstleistungen. Sie sollten eine klare und konsistente Botschaft darüber vermitteln, was Ihr Unternehmen besonders macht.

Die Macht der Geschichten:

Geschichten sind ein kraftvolles Werkzeug zur Positionierung Ihrer Marke. Menschen lieben Geschichten, sie verbinden sich mit ihnen auf einer emotionalen Ebene. Wenn Sie Geschichten in Ihre Positionierung einbeziehen, können Sie Ihre Botschaft auf eine persönliche und zugängliche Weise vermitteln.

Denken Sie an das erfolgreiche Unternehmen TOMS, das Schuhe verkauft und sich auf soziale Verantwortung konzentriert. Die Geschichte, die sie erzählen, ist einfach: "Für jedes verkaufte Paar Schuhe spenden wir ein Paar an bedürftige Kinder." Diese einfache, aber kraftvolle Botschaft hat die Marke TOMS einzigartig positioniert und eine starke Anhängerschaft geschaffen.

Die Kunst des Geschichtenerzählens:

Geschichtenerzählen kann in jeder Branche und für jedes kleine Unternehmen angewendet werden. Es könnte die Geschichte der Gründer sein, die Herausforderungen, die Sie überwunden haben, oder die Inspiration hinter Ihrem Produkt oder Ihrer Dienstleistung.

Nehmen wir an, Sie führen ein kleines Familienrestaurant, das sich auf traditionelle italienische Küche spezialisiert hat. Die Geschichte, die Sie erzählen könnten, könnte die Reise Ihrer Familie von Italien in die neue Heimat sein und wie Ihre Großmutter die Geheimrezepte an Sie weitergegeben hat. Diese Geschichte vermittelt nicht nur Tradition und Authentizität, sondern auch das Gefühl von familiärer Wärme und Gastfreundschaft.

Der Weg zum Bestseller:

Die Wettbewerbsanalyse und die Positionierung sind entscheidende Schritte auf dem Weg zum Bestseller für Ihr kleines Unternehmen. Indem Sie Ihre Konkurrenten verstehen und Ihre Einzigartigkeit betonen, schaffen Sie die Grundlage für eine erfolgreiche Marketingstrategie. Ihre Botschaft wird klar und einprägsam sein, und Kunden werden sich an Ihre Marke erinnern und ihr Vertrauen schenken.

Denken Sie daran, dass Wettbewerbsanalyse und Positionierung keine einmalige Aufgabe sind, sondern kontinuierlich überwacht und angepasst werden sollten, um den sich ändernden Marktbedingungen gerecht zu werden. Mit einer klaren Positionierung und einer einzigartigen Identität wird Ihr kleines Unternehmen die Segel setzen und Kurs auf den Weg zum Bestseller nehmen.

Budgetplanung und Ressourcenallokation: Ihr Weg zur finanziellen Stabilität

Wenn Sie Ihr kleines Unternehmen auf dem Weg zum Bestseller führen möchten, müssen Sie über ein solides Fundament verfügen. Die Budgetplanung und Ressourcenallokation sind die Grundpfeiler dieses Fundaments. In diesem Kapitel werden wir in die faszinierende Welt der finanziellen Strategie eintauchen und Ihnen zeigen, wie Sie Ihre begrenzten Ressourcen effektiv einsetzen können, um Ihre Marketingziele zu erreichen.

Warum ist Budgetplanung so entscheidend?

Die Budgetplanung ist der Prozess, bei dem Sie Ihre Einnahmen und Ausgaben sorgfältig analysieren und festlegen, wie viel Geld Sie für Ihre Marketingaktivitäten ausgeben können. Sie ist wie eine Landkarte für Ihre finanzielle Reise und hilft Ihnen, den richtigen Kurs zu halten.

Die Budgetplanung ermöglicht es Ihnen, finanzielle Ziele zu setzen, Ressourcen effizient zu verteilen und sicherzustellen, dass Sie nicht über Ihre finanziellen Möglichkeiten hinausgehen. In der Welt des digitalen Marketings, in der es unzählige Möglichkeiten gibt, Geld auszugeben, ist eine kluge Budgetplanung entscheidend.

Beispiele für Budgetplanung in Kleinunternehmen:

1. **Lokales Café:** Ein kleines Café könnte ein monatliches Budget von 500 Euro für digitales Marketing festlegen. Dieses Budget wird für Facebook-Anzeigen, Google Ads und die Pflege der Website verwendet.
2. **Handgemachter Schmuckhersteller:** Ein handgemachter Schmuckhersteller könnte beschließen, 10% des monatlichen Umsatzes für Marketing auszugeben. Dieses Budget wird für Social Media-Werbung, die Teilnahme an Handwerksmessen und die Erstellung von Video-Tutorials verwendet.
3. **Kleine Marketingagentur:** Eine Marketingagentur könnte ein jährliches Budget festlegen, das auf bestimmte Projekte aufgeteilt wird. Dieses Budget wird für die Entwicklung von Marketingkampagnen, das Content-Marketing und die Schulung der Mitarbeiter in neuen Technologien verwendet.

Die Kunst der Budgetplanung:

Eine effektive Budgetplanung erfordert eine sorgfältige Analyse Ihrer finanziellen Situation und Ziele. Sie sollten Ihre Einnahmen und Ausgaben genau verfolgen und verstehen, wie viel Geld Sie für Ihr digitales Marketing zur Verfügung haben.

Nehmen wir an, Sie betreiben ein kleines Online-Modegeschäft und möchten Ihr monatliches Budget festlegen. Sie analysieren Ihre Einnahmen und stellen fest, dass Sie im Durchschnitt 5.000 Euro pro Monat verdienen. Ihre monatlichen Fixkosten belaufen sich auf 2.000 Euro. Das bedeutet, dass Sie 3.000 Euro pro Monat für Ihr digitales Marketing zur Verfügung haben.

Ressourcenallokation für den Erfolg:

Die Ressourcenallokation ist der Prozess, bei dem Sie festlegen, wie Sie Ihr Budget auf verschiedene Marketingaktivitäten verteilen. Sie müssen entscheiden, welche Kanäle und Strategien für Ihr Unternehmen am effektivsten sind und wie viel Sie in jeden Bereich investieren möchten.

Nehmen wir an, Sie sind der Eigentümer eines kleinen Softwareunternehmens und haben ein monatliches Marketingbudget von 2.000 Euro. Sie könnten beschließen, 50% Ihres Budgets (1.000 Euro) für die Schaltung von Google Ads-Anzeigen auszugeben, um qualifizierte Leads zu generieren. Die restlichen 1.000 Euro könnten für die Erstellung von hochwertigem Blog-Content und die Pflege Ihrer Social-Media-Präsenz verwendet werden.

Beispiel für Ressourcenallokation:

Ein kleines Café, das sein monatliches Budget von 500 Euro für digitales Marketing festgelegt hat, könnte folgende Ressourcenallokation vornehmen:

- 40% (200 Euro) für Facebook-Anzeigen zur Bewerbung von täglichen Specials und Aktionen.
- 30% (150 Euro) für Google Ads, um lokale Kunden zu erreichen, die nach "Café in meiner Nähe" suchen.
- 20% (100 Euro) für die Pflege der Website und die regelmäßige Aktualisierung des Menüs und der Öffnungszeiten.
- 10% (50 Euro) für die Erstellung von hochwertigen Bildern und Videos für Social Media-Beiträge.

Die Macht der Priorisierung:

In der Welt des digitalen Marketings gibt es unzählige Möglichkeiten, Geld auszugeben. Die Kunst der Budgetplanung und Ressourcenallokation besteht darin, Prioritäten zu setzen und sicherzustellen, dass Sie Ihre begrenzten Ressourcen auf die Strategien konzentrieren, die den größten Einfluss auf Ihr Unternehmen haben.

Denken Sie daran, dass Ihr Budget und Ihre Ressourcen nicht statisch sind. Sie sollten Ihre Ergebnisse kontinuierlich überwachen und Ihre Strategien anpassen, wenn Sie sehen, welche am erfolgreichsten sind. Dies erfordert Flexibilität und die Bereitschaft, aus Fehlern zu lernen und zu optimieren.

Beispiel für Priorisierung:

Ein kleines Online-Modegeschäft könnte feststellen, dass Facebook-Anzeigen eine höhere Conversion-Rate haben als Instagram-Werbung. Infolgedessen könnten sie beschließen, einen größeren Teil ihres Budgets auf Facebook-Anzeigen umzuschichten und weniger in Instagram zu investieren.

Der Weg zum Bestseller:

Die Budgetplanung und Ressourcenallokation sind entscheidend, um sicherzustellen, dass Ihr kleines Unternehmen finanziell stabil ist und die Mittel hat, um effektives digitales Marketing zu betreiben. Durch die kluge Verteilung Ihrer Ressourcen auf die richtigen Kanäle und Strategien können Sie sicherstellen, dass Ihr Marketingbudget optimal genutzt wird und Sie Ihr Ziel als Bestseller erreichen können.

Denken Sie daran, dass die Budgetplanung und Ressourcenallokation dynamische Prozesse sind, die regelmäßig überprüft und angepasst werden sollten, um den sich ändernden Marktbedingungen gerecht zu werden. Mit einem klaren finanziellen Plan und einer effektiven Ressourcenallokation können Sie sicherstellen, dass Ihr kleines Unternehmen auf dem Weg zum Bestseller erfolgreich ist.

Kapitel 3: Suchmaschinenoptimierung (SEO) – Die Kunst, online gefunden zu werden

Stellen Sie sich vor, Sie haben ein fantastisches Buch geschrieben, aber niemand weiß davon. Niemand kennt den Titel, niemand weiß, dass es existiert. Ihr Buch verstaubt in der Dunkelheit, und die Welt verpasst die wertvollen Informationen, die es enthält. Genau das passiert, wenn Sie Ihre Online-Präsenz nicht optimieren. Suchmaschinenoptimierung (SEO) ist der Schlüssel, um Ihr kleines Unternehmen im digitalen Zeitalter sichtbar zu machen, wie ein strahlender Stern am Nachthimmel. In diesem Kapitel werden wir uns in die faszinierende Welt der SEO begeben und Ihnen zeigen, wie Sie Ihre Online-Präsenz optimieren können, damit Sie von potenziellen Kunden gefunden werden.

Warum ist SEO so entscheidend?

SEO ist der Wegweiser im Internet-Dschungel. In einer Welt, in der Milliarden von Websites existieren und täglich Tausende von Inhalten erstellt werden, ist es entscheidend, dass Ihre Website gefunden wird. Stellen Sie sich SEO als den Schatzkartenzeichner vor, der den Weg zu Ihrem wertvollen Inhalt aufzeigt.

SEO ermöglicht es Ihrer Website, in den Suchmaschinen wie Google, Bing und Yahoo höher platziert zu werden. Wenn jemand nach Informationen sucht, die zu Ihrem Geschäft passen, erscheint Ihre Website in den Suchergebnissen. Das bedeutet mehr Sichtbarkeit, mehr Traffic und mehr Chancen, potenzielle Kunden zu gewinnen.

Beispiel für die Bedeutung von SEO:

Angenommen, Sie betreiben ein kleines Yoga-Studio in Berlin. Jemand, der in Ihrer Nähe nach "Yoga-Kurse in Berlin" sucht, wird wahrscheinlich auf Google suchen. Wenn Ihre Website für diese Suchanfrage optimiert ist, wird sie in den Suchergebnissen erscheinen. Das bedeutet, dass diese Person Ihre Website besuchen kann, um mehr über Ihre Yoga-Kurse zu erfahren, und möglicherweise eine Buchung vornehmen wird.

Die Grundlagen der SEO:

SEO mag auf den ersten Blick kompliziert erscheinen, aber die Grundlagen sind einfach zu verstehen. Es geht darum, sicherzustellen, dass Ihre Website relevant, benutzerfreundlich und vertrauenswürdig ist. Hier sind einige grundlegende Aspekte der SEO:

1. **Keywords:** Keywords sind die Begriffe, nach denen Menschen suchen. Sie müssen sicherstellen, dass Ihre Website relevante Keywords enthält, die zu Ihrem Geschäft passen. Im Fall des Yoga-Studios wären dies beispielsweise "Yoga-Kurse in Berlin" oder "Yogastudio in Ihrer Stadt".
2. **Qualität der Inhalte:** Ihre Website sollte hochwertige, informative und relevante Inhalte bieten. Je besser Ihre Inhalte sind, desto wahrscheinlicher ist es, dass Google Ihre Website als vertrauenswürdig und relevant einstuft.
3. **Benutzererfahrung:** Die Benutzererfahrung ist entscheidend. Ihre Website sollte schnell laden, mobilfreundlich sein und eine klare Navigation bieten. Eine gute Benutzererfahrung ist ein wichtiger Faktor für das SEO-Ranking.
4. **Backlinks:** Backlinks sind Links von anderen Websites, die auf Ihre Website verweisen. Sie sind wie Empfehlungen von anderen. Je mehr hochwertige Backlinks Ihre Website hat, desto besser ist Ihr SEO-Ranking.

Der Weg zur Spitze:

Die Welt des SEO ist komplex und ständig im Wandel. Google und andere Suchmaschinen aktualisieren ihre Algorithmen regelmäßig, um die Qualität der Suchergebnisse zu verbessern. Daher ist es wichtig, auf dem neuesten Stand zu bleiben und Ihre SEO-Strategie anzupassen.

In diesem Kapitel werden wir uns in die Welt des SEO vertiefen und Ihnen zeigen, wie Sie die Grundlagen beherrschen können, um Ihre Website in den Suchergebnissen nach oben zu bringen. Wir werden Ihnen praktische Tipps und Strategien geben, um Ihre Online-Sichtbarkeit zu verbessern und potenzielle Kunden anzulocken.

Egal, ob Sie gerade erst in die Welt des SEO eintauchen oder bereits Erfahrung haben, in diesem Kapitel werden Sie wertvolles Wissen finden, um Ihre SEO-Strategie zu optimieren und Ihr kleines Unternehmen auf dem Weg zum Bestseller zu unterstützen. Tauchen wir ein in die faszinierende Welt der Suchmaschinenoptimierung und entdecken Sie, wie Sie online strahlen können.

On-Page-Optimierung: Die Optimierung Ihrer Website für Suchmaschinen

Wenn Sie in der Welt der Suchmaschinenoptimierung (SEO) navigieren, ist die On-Page-Optimierung Ihre Geheimwaffe. Dies ist der Teil von SEO, den Sie direkt auf Ihrer Website umsetzen können, um sie für Suchmaschinen wie Google sichtbarer und attraktiver zu machen. In diesem Kapitel werden wir die spannende Reise der On-Page-Optimierung antreten und Ihnen zeigen, wie Sie Ihre Website in ein strahlendes Leuchtfeuer verwandeln können, das Kunden anzieht wie Motten zu einer Flamme.

Die Bedeutung der On-Page-Optimierung:

Stellen Sie sich Ihre Website als Ihr Schaufenster in die digitale Welt vor. Die On-Page-Optimierung ist wie die perfekte Präsentation Ihrer Produkte und Dienstleistungen in diesem Schaufenster. Sie sorgt dafür, dass Ihre Website nicht nur schön aussieht, sondern auch von Suchmaschinen verstanden und geschätzt wird.

Warum ist das so wichtig? Nun, wenn Ihre Website in den Suchergebnissen nicht gut platziert ist, werden die meisten Menschen sie nie sehen. Die On-Page-Optimierung ist der Schlüssel, um Ihre Website auf die vorderen Plätze der Suchergebnisse zu bringen und sicherzustellen, dass potenzielle Kunden auf Sie aufmerksam werden.

Beispiel für die Bedeutung der On-Page-Optimierung:

Angenommen, Sie betreiben ein kleines Blumengeschäft und haben eine wunderschöne Website erstellt, auf der Sie Ihre Blumenarrangements präsentieren. Wenn jedoch Ihre Website nicht für Suchmaschinen optimiert ist, werden die Leute, die nach "Blumenlieferung in Ihrer Stadt" suchen, Ihre Website wahrscheinlich nicht finden. Stattdessen werden sie die Websites Ihrer Mitbewerber sehen, die besser in den Suchergebnissen platziert sind.

Die Grundlagen der On-Page-Optimierung:

Die On-Page-Optimierung beinhaltet eine Vielzahl von Optimierungsmaßnahmen, die alle darauf abzielen, Ihre Website für Suchmaschinen und Benutzer gleichermaßen attraktiv zu machen. Hier sind einige grundlegende Aspekte der On-Page-Optimierung:

1. **Keywords:** Die Verwendung relevanter Keywords auf Ihrer Website ist entscheidend. Sie sollten sicherstellen, dass Ihre Keywords in Überschriften, Texten, Meta-Beschreibungen und URLs vorhanden sind. Dies hilft Suchmaschinen, den Inhalt Ihrer Website zu verstehen und ihn den richtigen Suchanfragen zuzuordnen.
   Beispiel: Wenn Sie ein kleines Café betreiben, sollten Sie sicherstellen, dass Keywords wie "Café in Ihrer Stadt", "Kaffeehaus" und "Frühstücksspezialitäten" in Ihren Inhalten vorkommen.
2. **Qualität der Inhalte:** Ihre Inhalte sollten informativ, relevant und ansprechend sein. Sie sollten nicht nur Suchmaschinen ansprechen, sondern auch die Bedürfnisse Ihrer Zielgruppe erfüllen. Hochwertige Inhalte werden von Suchmaschinen bevorzugt und von Benutzern geschätzt.
   Beispiel: Wenn Sie ein kleines Reisebüro betreiben, sollten Ihre Website-Inhalte Reisetipps, Informationen zu Reisezielen und Ratschläge zur Reiseplanung enthalten, die für Ihre Zielgruppe nützlich sind.
3. **Benutzererfahrung:** Die Benutzererfahrung auf Ihrer Website ist entscheidend. Ihre Website sollte schnell laden, mobilfreundlich sein und eine klare Navigation bieten. Wenn Benutzer Schwierigkeiten haben, sich auf Ihrer Website zurechtzufinden, werden sie wahrscheinlich abspringen, was sich negativ auf Ihr SEO-Ranking auswirken kann.
   Beispiel: Wenn Sie ein kleines Online-Möbelgeschäft betreiben, sollten Ihre Website und Produktseiten Bilder in hoher Qualität, klare Beschreibungen und eine einfache Möglichkeit zum Kauf bieten.
4. **Interne Verlinkung:** Interne Verlinkung bezieht sich auf das Verknüpfen von Seiten innerhalb Ihrer Website. Dies hilft Benutzern, sich auf Ihrer Website zu orientieren, und ermöglicht es Suchmaschinen, Ihre Website besser zu durchsuchen.
   Beispiel: Wenn Sie ein kleines Fitnessstudio betreiben, können Sie auf Ihrer Homepage auf Unterseiten verlinken, die Informationen zu verschiedenen Fitnesskursen und Trainingsangeboten bieten.

Die Macht der On-Page-Optimierung:

Die On-Page-Optimierung ist der Weg, wie Sie Ihre Website für Suchmaschinen optimieren können, damit sie in den Suchergebnissen sichtbar wird. Es ist wie das Anlegen einer Landebahn für Flugzeuge, die Ihre Website zu neuen Höhen bringen wird.

Denken Sie daran, dass SEO ein langfristiger Prozess ist. Es erfordert Geduld und kontinuierliche Anstrengungen, um Ihr Ranking zu verbessern. Mit der richtigen On-Page-Optimierung können Sie jedoch Ihre Website als leistungsstarkes Werkzeug nutzen, um Kunden anzulocken und Ihr kleines Unternehmen auf dem Weg zum Bestseller zu unterstützen.

In den nächsten Abschnitten werden wir die wichtigsten Aspekte der On-Page-Optimierung im Detail betrachten und Ihnen praktische Tipps und Strategien geben, wie Sie Ihre Website für Suchmaschinen optimieren können. Tauchen wir ein in die Welt der On-Page-Optimierung und entdecken Sie, wie Sie Ihre Website strahlen lassen können.

Off-Page-Optimierung: Backlinks und Linkbuilding-Strategien

In der Welt des digitalen Marketings gibt es eine mächtige Geheimwaffe, die Ihre Website in den Suchergebnissen nach oben katapultieren kann: die Off-Page-Optimierung. Diese faszinierende und oft unterschätzte Disziplin befasst sich mit allem außerhalb Ihrer eigenen Website, insbesondere mit dem Aufbau von Backlinks. In diesem Kapitel werden wir in die aufregende Welt der Off-Page-Optimierung eintauchen und Ihnen zeigen, wie Sie durch kluges Linkbuilding Ihre Website in den Fokus der Suchmaschinen und potenzieller Kunden rücken können.

Die Bedeutung der Off-Page-Optimierung:

Ihre Website ist wie eine einsame Insel im weiten Ozean des Internets. Ohne Verbindungen zur Außenwelt wird sie oft übersehen und nicht entdeckt. Hier kommt die Off-Page-Optimierung ins Spiel. Sie hilft dabei, Ihre Website mit anderen relevanten Websites zu verknüpfen, was Suchmaschinen wie Google signalisiert, dass Ihre Website vertrauenswürdig und wertvoll ist.

Die Off-Page-Optimierung ist der Schlüssel, um Ihr SEO-Ranking zu verbessern und mehr Besucher auf Ihre Website zu locken. Es ist, als würden Sie eine Brücke zu Ihrer Insel bauen, damit die Welt Sie erreichen kann.

Beispiel für die Bedeutung der Off-Page-Optimierung:

Angenommen, Sie betreiben ein kleines Online-Fitnessmagazin. Ihre Website enthält wertvolle Informationen zu Gesundheit, Ernährung und Fitness. Wenn jedoch keine anderen Websites auf Ihre Inhalte verlinken, wird Google Ihre Website wahrscheinlich als weniger relevant und glaubwürdig einstufen. Das bedeutet, dass Ihre Website in den Suchergebnissen niedriger gerankt wird und weniger Traffic erhält.

Die Grundlagen der Off-Page-Optimierung:

Die Off-Page-Optimierung konzentriert sich hauptsächlich auf den Aufbau von Backlinks, das sind Links von anderen Websites, die auf Ihre Website verweisen. Je mehr qualitativ hochwertige Backlinks Ihre Website hat, desto besser ist Ihr SEO-Ranking. Hier sind einige grundlegende Aspekte der Off-Page-Optimierung:

1. **Linkbuilding:** Das Linkbuilding ist der Prozess, bei dem Sie Backlinks von anderen Websites erhalten. Sie können dies erreichen, indem Sie qualitativ hochwertige Inhalte erstellen, die von anderen Websites verlinkt werden möchten, oder indem Sie aktiv nach Linkmöglichkeiten suchen.
   Beispiel: Wenn Sie ein kleines Gartenbaugeschäft betreiben, könnten Sie Artikel über Gartenpflege schreiben, die von Gartenblogs und -magazinen verlinkt werden.
2. **Backlink-Qualität:** Nicht alle Backlinks sind gleich. Suchmaschinen bewerten die Qualität der Backlinks, daher ist es wichtig, hochwertige Backlinks von vertrauenswürdigen und relevanten Websites zu erhalten.
   Beispiel: Wenn Sie ein kleines Restaurant betreiben, ist ein Backlink von einer renommierten Restaurantkritiker-Website wertvoller als ein Backlink von einer zufälligen Blog-Seite.
3. **Natürliche Backlinks:** Suchmaschinen bevorzugen natürliche Backlinks, die aufgrund Ihrer hochwertigen Inhalte und Relevanz von anderen Websites vergeben werden.
   Beispiel: Wenn Sie ein kleines Handwerksunternehmen betreiben und ein bekannter Innenausstatter Ihre Produkte in einem Blogartikel empfiehlt und verlinkt, handelt es sich um einen natürlichen Backlink.
4. **Vermeiden von Spam:** Suchmaschinen sind klug genug, um Spam-Backlinks zu erkennen und abzulehnen. Es ist wichtig, ethische Linkbuilding-Praktiken zu verwenden und nicht in Spam-Verhalten verwickelt zu werden.
   Beispiel: Das Erwerben von Hunderten von minderwertigen Backlinks von nicht relevanten Websites wird von Suchmaschinen als Spam angesehen und kann Ihre Website bestrafen.

Die Macht des Linkbuildings:

Linkbuilding ist ein entscheidender Bestandteil der Off-Page-Optimierung und kann Ihr SEO-Ranking erheblich verbessern. Es ist wie das Knüpfen von Beziehungen in der digitalen Welt, die Ihre Website bekannter und relevanter machen.

Denken Sie daran, dass Linkbuilding eine langfristige Strategie ist. Es erfordert Geduld und kontinuierliche Anstrengungen, um qualitativ hochwertige Backlinks zu erhalten. Mit der richtigen Linkbuilding-Strategie können Sie jedoch Ihre Website als leistungsstarkes Werkzeug nutzen, um Kunden anzulocken und Ihr kleines Unternehmen auf dem Weg zum Bestseller zu unterstützen.

In den nächsten Abschnitten werden wir uns tiefer in das Linkbuilding und die besten Strategien dafür eintauchen. Wir werden Ihnen praktische Tipps und Beispiele geben, wie Sie qualitativ hochwertige Backlinks erhalten können, die Ihre Website in den Suchergebnissen nach oben katapultieren werden. Lassen Sie uns die Welt des Linkbuildings erkunden und entdecken Sie, wie Sie Ihre Website zum Strahlen bringen können.

Lokale SEO: Ihre Präsenz in den lokalen Suchergebnissen verbessern

Stellen Sie sich vor, Sie betreiben ein charmantes Café inmitten Ihrer Stadt. Die Tische sind gedeckt, der Kaffee duftet verlockend, und Ihre köstlichen Gebäckkreationen sind bereit, von den Kunden genossen zu werden. Aber wie finden die Menschen Ihr Café in dieser großen, hektischen Welt des Internets? Hier kommt die lokale Suchmaschinenoptimierung (SEO) ins Spiel. In diesem Kapitel werden wir die faszinierende Welt der lokalen SEO erkunden und Ihnen zeigen, wie Sie Ihre Präsenz in den lokalen Suchergebnissen verbessern können, damit hungrige Kunden Ihren Weg finden wie ein Navigationsgerät zu einem versteckten Schatz.

Die Bedeutung der lokalen SEO:

Lokale SEO ist für kleine Unternehmen von entscheidender Bedeutung. Es handelt sich um eine spezialisierte Form der Suchmaschinenoptimierung, die darauf abzielt, Ihre Website und Ihr Unternehmen in den lokalen Suchergebnissen zu platzieren. Dies ist besonders wichtig, da immer mehr Menschen ihre mobilen Geräte nutzen, um nach lokalen Unternehmen und Dienstleistungen zu suchen.

Wenn Ihre Website in den lokalen Suchergebnissen nicht gut platziert ist, laufen Sie Gefahr, dass potenzielle Kunden Sie übersehen und stattdessen zu Ihren Mitbewerbern gehen. Lokale SEO hilft Ihnen, in Ihrer unmittelbaren Umgebung gefunden zu werden und neue Kunden anzulocken.

Beispiel für die Bedeutung der lokalen SEO:

Angenommen, Sie betreiben ein kleines Blumengeschäft in München. Jemand in Ihrer Nähe sucht auf seinem Smartphone nach "Blumengeschäft in München". Wenn Ihre Website in den lokalen Suchergebnissen nicht gut platziert ist, wird Ihr Geschäft möglicherweise nicht angezeigt. Infolgedessen verliert Ihr Blumengeschäft möglicherweise einen Kunden an ein anderes Blumengeschäft in der Nähe, das in den Suchergebnissen besser positioniert ist.

Die Grundlagen der lokalen SEO:

Die lokale SEO konzentriert sich auf die Optimierung Ihrer Website und Online-Präsenz, damit Sie in den lokalen Suchergebnissen prominent angezeigt werden. Hier sind einige grundlegende Aspekte der lokalen SEO:

1. **Google My Business:** Eine der wichtigsten Maßnahmen für lokale SEO ist die Einrichtung und Pflege Ihres Google My Business-Eintrags. Dies ist Ihr digitales Schaufenster auf Google und enthält wichtige Informationen wie Ihren Standort, Öffnungszeiten und Bewertungen.
   Beispiel: Wenn Sie ein kleines Handwerksunternehmen betreiben, sollten Sie sicherstellen, dass Ihr Google My Business-Eintrag aktuell und vollständig ist, damit Kunden leicht finden können, was sie suchen.
2. **Lokale Keywords:** Verwenden Sie lokale Keywords auf Ihrer Website, die auf Ihre Stadt oder Region hinweisen. Dies hilft Suchmaschinen, Ihre Website mit lokalen Suchanfragen in Verbindung zu bringen.
   Beispiel: Wenn Sie ein kleines Restaurant in Hamburg betreiben, sollten Sie lokale Keywords wie "Restaurant in Hamburg" oder "Hamburger Küche" in Ihren Inhalten verwenden.

3. **Online-Bewertungen:** Online-Bewertungen spielen eine wichtige Rolle in der lokalen SEO. Positive Bewertungen signalisieren Vertrauen und Glaubwürdigkeit und können Ihre Sichtbarkeit in den lokalen Suchergebnissen verbessern. *Beispiel:* Wenn Sie ein kleines Friseurgeschäft führen und zufriedene Kunden dazu ermutigen, positive Bewertungen auf Plattformen wie Yelp oder Google ab zugeben, kann dies dazu führen, dass Ihr Friseurgeschäft in den Suchergebnissen besser gerankt wird und mehr Kunden anzieht.

4. **Lokale Backlinks:** Der Aufbau von Backlinks von anderen lokalen Websites und Unternehmen kann Ihre lokale SEO-Präsenz stärken. Wenn lokale Unternehmen auf Ihre Website verlinken, signalisiert dies Suchmaschinen, dass Ihr Unternehmen in der Region relevant ist. *Beispiel:* Wenn Sie ein kleines Sportgeschäft betreiben, könnten Sie lokale Sportvereine oder Fitnessstudios kontaktieren und nach Möglichkeiten für gegenseitige Verlinkungen suchen.

5. **Mobile Optimierung:** Da viele Menschen lokale Suchanfragen von ihren mobilen Geräten aus durchführen, ist die mobile Optimierung Ihrer Website entscheidend. Ihre Website sollte mobilfreundlich sein und schnell laden, um eine optimale Benutzererfahrung zu bieten. *Beispiel:* Wenn Sie ein kleines Café betreiben, sollte Ihre Website auf Smartphones und Tablets gut lesbar sein, und Kunden sollten leicht die Menüoptionen und Öffnungszeiten finden können.

Die Macht der lokalen SEO:

Lokale SEO ist der Schlüssel, um Ihr kleines Unternehmen in Ihrer Region bekannter zu machen und Kunden in Ihrer Nähe anzuziehen. Sie ermöglicht es Ihnen, in den lokalen Suchergebnissen prominent platziert zu werden und von potenziellen Kunden leicht gefunden zu werden.

Denken Sie daran, dass lokale SEO eine kontinuierliche Bemühung ist. Sie müssen Ihre Online-Präsenz pflegen, positive Bewertungen sammeln und sicherstellen, dass Ihre Informationen aktuell sind. Mit der richtigen lokalen SEO-Strategie können Sie Ihr kleines Unternehmen in Ihrer Stadt oder Region zu einem Bestseller machen.

In den nächsten Abschnitten werden wir uns tiefer in die Welt der lokalen SEO vertiefen und Ihnen praktische Tipps und Strategien geben, wie Sie Ihre Präsenz in den lokalen Suchergebnissen verbessern können. Lassen Sie uns die Straßen der lokalen SEO erkunden und entdecken, wie Sie Ihr kleines Unternehmen zum Leuchtturm in Ihrer Gemeinde machen können.

Kapitel 4: Content-Marketing und Storytelling – Die Kunst, Geschichten zu erzählen, die verkaufen

Geschichten sind der Schlüssel, um Herzen zu gewinnen, Köpfe zu beeinflussen und Verbindungen zu schaffen. In der Welt des digitalen Marketings sind Geschichten das Geheimnis, das Ihre Botschaft zum Leben erweckt und Kunden dazu inspiriert, sich mit Ihrem Unternehmen zu identifizieren. In diesem Kapitel tauchen wir tief in die fesselnde Welt des Content-Marketings und Storytellings ein. Wir werden Ihnen zeigen, wie Sie Inhalte erstellen, die nicht nur informieren, sondern auch berühren, inspirieren und verkaufen können.

Warum ist Content-Marketing und Storytelling so entscheidend?

In einer Welt, in der Informationen im Überfluss vorhanden sind, sehnen sich die Menschen nach mehr als nur Fakten und Zahlen. Sie suchen nach Geschichten, die Emotionen wecken und sie in den Bann ziehen. Das ist der Grund, warum Content-Marketing und Storytelling so entscheidend sind.

Ihre Botschaft wird durch Geschichten menschlicher, greifbarer und unvergesslicher. Geschichten bleiben im Gedächtnis haften und schaffen eine Bindung zwischen Ihrem Unternehmen und Ihren Kunden. Content-Marketing und Storytelling sind die Werkzeuge, die Ihre Botschaft zum Leben erwecken und Kunden dazu inspirieren, Maßnahmen zu ergreifen.

Beispiel für die Bedeutung von Content-Marketing und Storytelling:

Stellen Sie sich vor, Sie betreiben ein nachhaltiges Modelabel. Anstatt nur Bilder von Kleidungsstücken und Preisinformationen auf Ihrer Website zu veröffentlichen, könnten Sie die Geschichte hinter Ihrer Marke erzählen. Sie könnten Geschichten darüber teilen, wie Ihre Kleidung hergestellt wird, wie sie nachhaltige Materialien verwenden und wie sie die Gemeinschaft unterstützt. Diese Geschichten verleihen Ihrer Marke eine einzigartige Persönlichkeit und schaffen eine Verbindung zu Kunden, die Ihre Werte teilen.

Die Grundlagen des Content-Marketings und Storytellings:

Content-Marketing und Storytelling sind keine Geheimwissenschaften. Sie sind eine kraftvolle Kombination aus kreativem Denken und strategischer Planung. Hier sind einige grundlegende Aspekte:

1. **Inhalte mit Mehrwert:** Ihre Inhalte sollten nicht nur werblich sein, sondern auch einen Mehrwert für Ihre Zielgruppe bieten. Dies könnte in Form von nützlichen Informationen, Unterhaltung oder Inspiration sein.
2. **Die Macht der Geschichten:** Geschichten sind der Schlüssel. Sie können Geschichten über Ihr Unternehmen, Ihre Kunden, Ihre Produkte oder Ihre Mission erzählen. Diese Geschichten sollten authentisch und einzigartig sein.
3. **Zielgruppenorientierung:** Verstehen Sie Ihre Zielgruppe und was sie bewegt. Erstellen Sie Inhalte, die auf ihre Bedürfnisse, Interessen und Probleme zugeschnitten sind.
4. **Konsistenz:** Content-Marketing ist langfristig angelegt. Erstellen Sie einen konsistenten Strom von Inhalten, um Ihre Zielgruppe regelmäßig zu erreichen und zu engagieren.

Die Macht des Geschichtenerzählens:

Geschichten haben die Fähigkeit, Menschen zu bewegen und zu inspirieren. Sie sind das Fundament, auf dem Content-Marketing aufbaut. Content-Marketing und Storytelling sind die Werkzeuge, die es Ihnen ermöglichen, Kunden zu gewinnen, Ihre Marke zu stärken und Ihr kleines Unternehmen auf dem Weg zum Bestseller zu unterstützen.

In den nächsten Abschnitten werden wir tiefer in die Welt des Content-Marketings und Storytellings eintauchen. Wir werden Ihnen zeigen, wie Sie Geschichten erstellen, die Ihre Zielgruppe fesseln und wie Sie diese Geschichten effektiv in Ihre Marketingstrategie integrieren können. Lassen Sie uns in die fesselnde Welt des Geschichtenerzählens eintauchen und entdecken, wie Sie Kunden mit Ihrer Botschaft verzaubern können.

Die Bedeutung von hochwertigem Content

In einer Welt, in der wir ständig von Informationen überflutet werden, hat hochwertiger Content eine entscheidende Bedeutung. Er ist der Diamant in der Rauschflut des digitalen Ozeans, der die Aufmerksamkeit Ihrer Zielgruppe auf sich zieht und sie dazu bringt, mehr von Ihnen zu wollen. In diesem Abschnitt werden wir die fesselnde Welt von hochwertigem Content erkunden und herausfinden, warum er der Schlüssel zum Erfolg in Ihrem Content-Marketing und Storytelling ist.

Warum ist hochwertiger Content so entscheidend?

Hochwertiger Content ist das Herzstück jeder erfolgreichen Content-Marketingstrategie. Er ist das, was Ihre Botschaft zum Leben erweckt und Ihre Zielgruppe dazu inspiriert, sich mit Ihrem Unternehmen zu identifizieren. Hier sind einige Gründe, warum hochwertiger Content so entscheidend ist:

1. **Glaubwürdigkeit und Vertrauen:** Hochwertiger Content zeigt, dass Sie Ihr Fachgebiet verstehen und eine Autorität in Ihrer Branche sind. Dies baut Vertrauen bei Ihrer Zielgruppe auf.
   Beispiel: Wenn Sie ein kleines Finanzberatungsunternehmen betreiben, können gut recherchierte Artikel über Finanzplanung und Investitionen Ihr Fachwissen unterstreichen und das Vertrauen Ihrer Kunden stärken.
2. **Sichtbarkeit und SEO:** Suchmaschinen lieben hochwertigen Content. Er zieht mehr Traffic auf Ihre Website und verbessert Ihr SEO-Ranking, was bedeutet, dass mehr Menschen Ihre Inhalte finden können.
   Beispiel: Wenn Sie ein kleines Reisebüro betreiben, können informative Blogartikel über Reiseziele und Tipps für Reisen dazu beitragen, dass Ihre Website in den Suchergebnissen höher gerankt wird.
3. **Kundenbindung:** Hochwertiger Content ist ein Magnet für Ihre Zielgruppe. Er hält Ihre bestehenden Kunden interessiert und inspiriert sie, immer wieder auf Ihre Website zurückzukehren.
   Beispiel: Wenn Sie ein kleines Modegeschäft führen, können regelmäßige Updates über die neuesten Modetrends und Stylingtipps Ihre Kundenbindung erhöhen.
4. **Virales Potenzial:** Wenn Ihr Content außergewöhnlich ist, kann er viral gehen und Ihre Reichweite exponentiell erhöhen.
   Beispiel: Ein unterhaltsames und informatives Video über Ihr kleines Café, das sich viral verbreitet, kann Tausende von potenziellen Kunden erreichen.

Beispiel für die Bedeutung von hochwertigem Content:

Stellen Sie sich vor, Sie betreiben ein kleines Handwerksunternehmen, das handgefertigte Möbel herstellt. Ihre Website enthält eine Galerie von atemberaubenden Möbelstücken und einen Blog, der Tipps zur Möbelpflege und zur Auswahl von Möbeln gibt. Ihr hochwertiger Content könnte in Form von detaillierten Anleitungen zur Möbelpflege, Videos, die den Herstellungsprozess Ihrer Möbel zeigen, und Geschichten über die Leidenschaft und das Handwerk hinter Ihrem Unternehmen umfassen. Dieser Content unterstreicht nicht nur die Qualität Ihrer Produkte, sondern vermittelt auch Ihre Liebe zum Handwerk und zur Kundenzufriedenheit.

Wie erstellt man hochwertigen Content?

Die Erstellung von hochwertigem Content erfordert Zeit, Engagement und Kreativität. Hier sind einige Schritte, die Ihnen helfen können:

1. **Recherchieren Sie gründlich:** Bevor Sie mit dem Schreiben beginnen, recherchieren Sie Ihr Thema sorgfältig. Stellen Sie sicher, dass Ihre Informationen aktuell und zuverlässig sind.
2. **Verfassen Sie ansprechende Überschriften:** Die Überschrift ist das erste, was Ihre Zielgruppe sieht. Sie sollte neugierig machen und den Leser dazu ermutigen, weiterzulesen.
3. **Erzählen Sie Geschichten:** Nutzen Sie Storytelling, um Ihre Botschaft zu vermitteln. Geschichten machen Ihren Content menschlicher und ansprechender.
4. **Bieten Sie Mehrwert:** Stellen Sie sicher, dass Ihr Content nützlich, informativ oder unterhaltsam ist. Denken Sie daran, Ihre Zielgruppe im Auge zu behalten.
5. **Optimieren Sie für SEO:** Verwenden Sie relevante Keywords, um Ihr SEO-Ranking zu verbessern. Aber übertreiben Sie es nicht, und achten Sie darauf, dass Ihre Inhalte immer noch natürlich klingen.
6. **Visualisieren Sie Ihren Content:** Bilder, Grafiken und Videos können Ihren Content aufwerten und die Aufmerksamkeit der Leser auf sich ziehen.

Die Macht von hochwertigem Content:

Hochwertiger Content ist der Treibstoff für eine erfolgreiche Content-Marketingstrategie. Er zieht nicht nur die Aufmerksamkeit Ihrer Zielgruppe auf sich, sondern hilft Ihnen auch, Ihr Unternehmen als vertrauenswürdige Autorität in Ihrer Branche zu etablieren. Wenn Sie in hochwertigen Content investieren, investieren Sie in den Erfolg Ihres Unternehmens.

In den nächsten Abschnitten werden wir uns tiefer in die Welt des Content-Marketings und Storytellings vertiefen. Wir werden Ihnen praktische Tipps geben, wie Sie hochwertigen Content erstellen können, der Ihre Zielgruppe fesselt und Ihre Botschaft auf einzigartige Weise vermittelt. Lassen Sie uns gemeinsam auf die Reise gehen, um die Macht von hochwertigem Content zu entdecken und wie er Ihr kleines Unternehmen auf dem Weg zum Bestseller unterstützen kann.

Content-Ideen und Content-Marketing-Strategien: Inspiration für Ihr Kleinunternehmen

Die Erstellung von hochwertigem Content ist der erste Schritt, um Ihre Zielgruppe zu erreichen und sie zu begeistern. Aber worüber sollten Sie schreiben? Welche Content-Marketing-Strategien sind die besten für Ihr Kleinunternehmen? In diesem Abschnitt werden wir Ideen für Ihren Content und bewährte Strategien erkunden, die Ihre Leser begeistern und Ihr Unternehmen auf den Weg zum Bestseller bringen können.

Content-Ideen für Ihr Kleinunternehmen:

1. **Anleitungen und Tutorials:** Erstellen Sie Schritt-für-Schritt-Anleitungen oder Video-Tutorials, die Ihren Kunden zeigen, wie sie Ihre Produkte verwenden oder bestimmte Aufgaben erledigen können.
   Beispiel: Wenn Sie ein kleines Elektronikgeschäft betreiben, könnten Sie Tutorials zur Einrichtung und Wartung verschiedener elektronischer Geräte erstellen.
2. **Kundengeschichten:** Teilen Sie Erfolgsgeschichten Ihrer Kunden, die Ihr Produkt oder Ihre Dienstleistung verwendet haben. Dies schafft Vertrauen und veranschaulicht den Nutzen Ihres Angebots.
   Beispiel: Wenn Sie ein kleines Fitnessstudio betreiben, könnten Sie Geschichten von Kunden veröffentlichen, die durch regelmäßiges Training ihre Gesundheit verbessert haben.
3. **Branchennews und Trends:** Halten Sie Ihre Zielgruppe auf dem Laufenden über relevante Neuigkeiten und Entwicklungen in Ihrer Branche.
   Beispiel: Wenn Sie ein kleines Restaurant führen, könnten Sie über aktuelle Food-Trends und kulinarische Innovationen schreiben.
4. **FAQs und Problemlösungen:** Beantworten Sie häufig gestellte Fragen Ihrer Kunden oder bieten Sie Lösungen für häufig auftretende Probleme in Ihrer Branche.
   Beispiel: Wenn Sie ein kleines IT-Unternehmen betreiben, könnten Sie eine FAQ-Seite erstellen, die gängige technische Fragen klärt.
5. **Hinter-den-Kulissen-Einblicke:** Gewähren Sie Ihren Lesern Einblicke in Ihr Unternehmen und zeigen Sie, wer hinter den Kulissen arbeitet. Dies humanisiert Ihre Marke.
   Beispiel: Wenn Sie ein kleines Café besitzen, könnten Sie Fotos und Geschichten von Ihren Mitarbeitern und Ihren Backvorgängen teilen.
6. **Produktbewertungen und -vergleiche:** Schreiben Sie objektive Bewertungen Ihrer eigenen Produkte oder vergleichen Sie sie mit Produkten von Mitbewerbern.
   Beispiel: Wenn Sie ein kleines Technikgeschäft führen, könnten Sie Bewertungen von Smartphones oder anderen Gadgets veröffentlichen.
7. **Saisonale Inhalte:** Passen Sie Ihren Content an die Jahreszeiten oder Feiertage an. Dies erhöht die Aktualität und Relevanz.
   Beispiel: Wenn Sie ein kleines Blumengeschäft betreiben, könnten Sie Tipps zur Pflege von Weihnachtssternen während der Feiertage geben.

Content-Marketing-Strategien für Ihr Kleinunternehmen:

1. **Konsistenz:** Veröffentlichen Sie regelmäßig neuen Content, sei es wöchentlich, monatlich oder nach einem anderen Zeitplan. Konsistenz ist entscheidend, um Ihre Leser zu binden.
2. **Social Media Präsenz:** Nutzen Sie Social Media, um Ihren Content zu teilen und mit Ihrer Zielgruppe zu interagieren. Plattformen wie Facebook, Instagram und LinkedIn bieten Möglichkeiten, Ihre Reichweite zu erhöhen.

3. **E-Mail-Marketing:** Bauen Sie eine E-Mail-Liste auf und versenden Sie regelmäßig Newsletter oder Angebote an Ihre Abonnenten.
4. **SEO-Optimierung:** Stellen Sie sicher, dass Ihr Content für Suchmaschinen optimiert ist, um in den Suchergebnissen besser gerankt zu werden.
5. **Call-to-Action (CTA):** Fügen Sie in Ihrem Content klare Handlungsaufforderungen hinzu, die den Leser dazu ermutigen, weitere Schritte zu unternehmen, z.B. einen Kauf tätigen oder sich für Ihren Newsletter anmelden.

Beispiel für eine Content-Marketing-Strategie:

Angenommen, Sie betreiben ein kleines Reisebüro. Ihre Content-Marketing-Strategie könnte Folgendes umfassen:

- **Blog-Artikel:** Sie erstellen regelmäßig Blog-Artikel über aufregende Reiseziele, Reisetipps, lokale Kultur und Veranstaltungen.
- **Soziale Medien:** Sie teilen Ihre Blog-Artikel auf Ihren Social-Media-Plattformen und nutzen Hashtags, um Ihre Reichweite zu erhöhen.
- **E-Mail-Marketing:** Sie versenden monatliche Newsletter mit Sonderangeboten, Reiseberichten und Reisetipps an Ihre Abonnenten.
- **Videoinhalte:** Sie erstellen Videos, in denen Sie Reiseziele vorstellen und authentische Reiseerlebnisse teilen.
- **Kundenbewertungen:** Sie bitten Kunden nach ihren Reisen um Bewertungen und teilen diese auf Ihrer Website.
- **SEO-Optimierung:** Sie optimieren Ihre Blog-Artikel für Keywords wie "Reiseziele 2023" oder "Familienurlaub am Meer", um in den Suchergebnissen gefunden zu werden.

Die Macht von Content-Ideen und Content-Marketing-Strategien:

Die richtigen Content-Ideen und Content-Marketing-Strategien können Ihr Kleinunternehmen auf die nächste Stufe heben. Sie helfen Ihnen dabei, Ihre Zielgruppe zu erreichen, sie zu begeistern und letztendlich Ihre Ziele zu erreichen. Wenn Sie hochwertigen Content erstellen und klug vorgehen, können Sie Ihre Marke stärken, Kundenbindung aufbauen und Ihr Geschäft erfolgreich ausbauen. Aber wie setzen Sie diese Ideen und Strategien in die Praxis um?

Umsetzung Ihrer Content-Marketing-Strategie:

1. **Content-Planung:** Beginnen Sie mit einer detaillierten Content-Planung. Identifizieren Sie Ihre Ziele, Ihre Zielgruppe und die Themen, die für Ihre Branche und Ihr Unternehmen relevant sind.
2. **Erstellung von Inhalten:** Erstellen Sie qualitativ hochwertige Inhalte, die informativ, unterhaltsam und ansprechend sind. Denken Sie daran, Ihre Zielgruppe im Auge zu behalten und ihre Bedürfnisse zu erfüllen.
3. **Veröffentlichung:** Veröffentlichen Sie Ihren Content gemäß Ihrem Zeitplan. Stellen Sie sicher, dass Ihre Inhalte suchmaschinenoptimiert sind und in sozialen Medien geteilt werden.
4. **Interaktion und Engagement:** Reagieren Sie auf Kommentare, Fragen und Feedback Ihrer Leser. Die Interaktion mit Ihrer Zielgruppe fördert die Bindung und das Vertrauen.
5. **Analyse und Anpassung:** Verwenden Sie Analysetools, um den Erfolg Ihrer Content-Marketing-Strategie zu überwachen. Passen Sie Ihre Strategie entsprechend an, basierend auf den gewonnenen Erkenntnissen.

Beispiel für die Umsetzung einer Content-Marketing-Strategie:

Angenommen, Sie betreiben ein kleines Handwerksunternehmen, das handgefertigte Möbel herstellt. Ihre Content-Marketing-Strategie könnte wie folgt aussehen:

- **Content-Planung:** Sie definieren Ihre Ziele, z. B. die Steigerung des Website-Traffics um 20% und die Steigerung der Verkäufe um 15%. Sie identifizieren Themen wie Möbeltrends, Möbelpflege und DIY-Möbelprojekte.
- **Erstellung von Inhalten:** Sie erstellen Blog-Artikel über aktuelle Möbeltrends, Video-Tutorials zur Möbelpflege und DIY-Anleitungen zum Bau von Möbelstücken. Alle Inhalte sind visuell ansprechend und bieten nützliche Informationen.
- **Veröffentlichung:** Sie veröffentlichen Ihre Inhalte regelmäßig auf Ihrer Website und teilen sie auf Social-Media-Plattformen wie Pinterest und Instagram. Sie verwenden relevante Hashtags, um die Reichweite zu erhöhen.
- **Interaktion und Engagement:** Sie reagieren auf Kommentare und Fragen Ihrer Leser und ermutigen sie, ihre eigenen DIY-Projekte zu teilen. Sie fördern die Community-Interaktion.

- **Analyse und Anpassung:** Sie verwenden Analytics-Tools, um den Traffic auf Ihrer Website zu überwachen und den Erfolg Ihrer Inhalte zu messen. Sie stellen fest, dass Ihr DIY-Tutorial für die Herstellung von Palettenmöbeln besonders beliebt ist, und entscheiden sich, ähnliche Inhalte zu erstellen.

Die Macht von Content-Ideen und Content-Marketing-Strategien:

Eine gut durchdachte Content-Marketing-Strategie, die auf inspirierenden Content-Ideen basiert, kann Ihr Kleinunternehmen in ein erfolgreiches, bekanntes und profitables Unternehmen verwandeln. Durch das Teilen von relevanten Inhalten, die Ihre Zielgruppe ansprechen und Mehrwert bieten, können Sie eine loyale Leserschaft aufbauen und Kunden gewinnen, die nicht nur kaufen, sondern auch Ihre Botschaft und Ihre Werte teilen.

In den nächsten Abschnitten werden wir uns weiter in die Welt des Content-Marketings und Storytellings vertiefen. Wir werden Ihnen konkrete Schritte und bewährte Strategien zeigen, wie Sie hochwertige Inhalte erstellen und effektiv vermarkten können. Lassen Sie uns gemeinsam auf die Reise gehen, um die Macht von Content-Ideen und Content-Marketing-Strategien zu entdecken und wie sie Ihr kleines Unternehmen auf dem Weg zum Bestseller unterstützen können.

Storytelling: Wie Sie emotionale Bindungen zu Ihrer Zielgruppe aufbauen

Geschichten sind der Klebstoff, der Menschen miteinander verbindet. Sie wecken Emotionen, erzeugen Empathie und schaffen Erinnerungen. Im Kontext des Content-Marketings ist Storytelling die Kunst, Ihre Botschaften und Markenwerte in packende Erzählungen zu verwandeln. In diesem Abschnitt werden wir uns eingehend mit Storytelling beschäftigen, wie es dazu beitragen kann, emotionale Bindungen zu Ihrer Zielgruppe aufzubauen, und wie Sie Geschichten erstellen können, die Ihre Leser fesseln und Ihr Kleinunternehmen auf den Weg zum Bestseller bringen.

Die Macht des Storytellings

Warum sind Geschichten so mächtig? Weil Menschen von Natur aus Geschichtenerzähler und -hörer sind. Von Kindheit an werden wir mit Geschichten vertraut gemacht, sei es durch Märchen, Legenden oder abendliche Vorlesestunden. Geschichten sind nicht nur unterhaltsam, sondern auch eine Möglichkeit, Erfahrungen zu teilen und komplexe Informationen auf verständliche Weise zu vermitteln.

Im Kontext des Content-Marketings ist Storytelling eine wirksame Methode, um Ihre Botschaft zu vermitteln, Ihre Marke zu humanisieren und emotionale Bindungen zu Ihren Kunden aufzubauen. Hier sind einige Gründe, warum Storytelling so entscheidend ist:

1. **Emotionale Verbindung:** Geschichten haben die Kraft, Emotionen zu wecken und eine tiefere Verbindung zu Ihrer Zielgruppe herzustellen. Menschen erinnern sich eher an Geschichten als an trockene Fakten.
2. **Einzigartigkeit:** Durch Geschichten können Sie Ihre Einzigartigkeit und Ihren Mehrwert hervorheben. Jedes Unternehmen hat eine Geschichte, die erzählt werden kann.
3. **Verständlichkeit:** Komplexe Informationen lassen sich oft besser durch Geschichten vermitteln. Geschichten machen es leichter, abstrakte Konzepte zu verstehen.
4. **Inspiration und Handlung:** Geschichten können Menschen inspirieren und sie dazu motivieren, Maßnahmen zu ergreifen. Ob es darum geht, ein Produkt zu kaufen, sich für Ihren Newsletter anzumelden oder sich für eine gute Sache einzusetzen, Geschichten haben die Kraft, Menschen in Bewegung zu setzen.

Beispiel für die Macht des Storytellings:

Angenommen, Sie betreiben ein kleines Bio-Lebensmittelgeschäft. Statt nur eine Liste der Produkte auf Ihrer Website zu präsentieren, könnten Sie die Geschichte hinter Ihren Produkten erzählen. Sie könnten Geschichten darüber teilen, wie Sie lokale Bauern unterstützen, um frische, nachhaltige Lebensmittel zu beschaffen. Sie könnten auch Geschichten von zufriedenen Kunden erzählen, die Ihre Lebensmittel genießen und wie sie ihre Gesundheit verbessert haben. Diese Geschichten verleihen Ihrem Unternehmen eine menschliche Note und zeigen, dass Sie mehr sind als nur ein Geschäft - Sie sind Teil einer Bewegung für gesunde Ernährung und nachhaltigen Konsum.

Die Grundlagen des Storytellings

Storytelling ist mehr als nur das Erzählen von Anekdoten. Es erfordert eine klare Struktur und die Berücksichtigung bestimmter Elemente:

1. **Ein fesselnder Anfang:** Beginnen Sie mit einer starken Einführung, die die Aufmerksamkeit Ihrer Leser sofort auf sich zieht.
2. **Charaktere:** Führen Sie Charaktere in Ihrer Geschichte ein, sei es Ihr Team, Ihre Kunden oder Menschen, die von Ihrem Unternehmen profitiert haben.
3. **Konflikt und Herausforderungen:** Jede gute Geschichte hat einen Konflikt oder eine Herausforderung, die überwunden werden muss. Dies kann ein Problem sein, das Ihre Kunden hatten und durch Ihre Produkte oder Dienstleistungen gelöst wurde.
4. **Höhepunkt:** Der Höhepunkt ist der Wendepunkt in Ihrer Geschichte, an dem der Konflikt gelöst wird oder eine wichtige Entscheidung getroffen wird.
5. **Lösung und Nutzen:** Zeigen Sie, wie Ihre Produkte oder Dienstleistungen zur Lösung des Konflikts beigetragen haben und welchen Nutzen Ihre Kunden daraus gezogen haben.
6. **Eine emotionale Bindung schaffen:** Verwenden Sie Emotionen, um Ihre Leser zu berühren. Dies kann Freude, Mitgefühl, Begeisterung oder andere Emotionen sein, die zu Ihrer Geschichte passen.

Beispiel für die Grundlagen des Storytellings:

Angenommen, Sie führen ein kleines Unternehmen, das Bio-Gemüse an lokale Restaurants liefert. Ihre Geschichte könnte so aussehen:

- **Ein fesselnder Anfang:** "Es begann vor Jahren, als wir ein kleines Feld in unserem Dorf erwarben."
- **Charaktere:** "Unsere Familie arbeitete hart, um gesunde, biologische Lebensmittel zu produzieren."
- **Konflikt und Herausforderungen:** "Aber wir standen vor der Herausforderung, unsere Produkte an Restaurants zu verkaufen und die Nachfrage zu steigern."
- **Höhepunkt:** "Dann kam der Tag, an dem ein renommierter Koch unser Gemüse entdeckte und es in sein Menü aufnahm."
- **Lösung und Nutzen:** "Unser Bio-Gemüse wurde ein Hit in der gastronomischen Szene, und wir konnten mehr lokale Bauern in unser Programm aufnehmen."
- **Eine emotionale Bindung schaffen:** "Wir sind stolz darauf, einen Beitrag zur gesunden Ernährung in unserer Gemeinschaft zu leisten und die Leidenschaft für gutes Essen zu teilen."

Wie man effektives Storytelling praktiziert

Effektives Storytelling erfordert Planung, Kreativität und Präzision. Hier sind einige Schritte, die Ihnen helfen können:

1. **Kennen Sie Ihre Zielgruppe:** Verstehen Sie Ihre Zielgruppe und ihre Bedürfnisse. Welche Geschichten würden sie ansprechen?
2. **Identifizieren Sie Ihre Markenbotschaft:** Was möchten Sie mit Ihrer Geschichte vermitteln? Welche Werte und Überzeugungen repräsentieren Sie?
3. **Erstellen Sie einen Handlungsplan:** Strukturieren Sie Ihre Geschichte mit einem klaren Anfang, einer Mitte und einem Ende. Berücksichtigen Sie die oben genannten Grundelemente.
4. **Verwenden Sie visuelle Elemente:** Fotos, Videos und Grafiken können Ihre Geschichte verstärken und sie noch fesselnder machen.
5. **Üben Sie Authentizität:** Seien Sie ehrlich und authentisch in Ihren Geschichten. Menschen schätzen Echtheit.
6. **Teilen Sie Ihre Geschichten über verschiedene Kanäle:** Nutzen Sie Ihre Website, soziale Medien, E-Mail-Marketing und andere Plattformen, um Ihre Geschichten zu verbreiten.

Beispiel für effektives Storytelling:

Angenommen, Sie betreiben ein kleines Handwerksunternehmen, das handgefertigte Möbel herstellt. Ihr Ziel ist es, die Handwerkskunst und die Liebe zum Detail, die in jedem Stück steckt, hervorzuheben. Ihre Geschichte könnte sich auf einen Ihrer talentierten Handwerker konzentrieren, der jeden Tag in seiner Werkstatt arbeitet, um ein einzigartiges Möbelstück zu schaffen. Sie könnten Fotos und Videos von diesem Handwerker bei der Arbeit teilen und Geschichten über seine Leidenschaft für das Handwerk erzählen. Diese Geschichten vermitteln den Kunden nicht nur die Qualität Ihrer Möbel, sondern auch die Menschen und die Leidenschaft hinter Ihrer Marke.

Fazit

Storytelling ist eine kraftvolle Waffe im Arsenal des Content-Marketings. Es erlaubt Ihnen, eine emotionale Bindung zu Ihrer Zielgruppe aufzubauen, Ihre Botschaft zu vermitteln und Ihr Kleinunternehmen von der Konkurrenz abzuheben. Wenn Sie Geschichten erzählen, die Ihre Werte und Ihre Einzigartigkeit widerspiegeln, werden Sie nicht nur Kunden gewinnen, sondern auch Botschafter finden, die Ihre Geschichte weitertragen. Storytelling ist der Schlüssel zum Erfolg in einer Welt, in der Marken, die eine Bedeutung haben, die Oberhand gewinnen. In den nächsten Abschnitten werden wir uns weiter mit verschiedenen Aspekten des Content-Marketings und Storytellings befassen, um sicherzustellen, dass Ihr Kleinunternehmen auf dem Weg zum Bestseller bestens gerüstet ist.

Kapitel 5: Social Media Marketing – Ihre Reise zu mehr Sichtbarkeit und Engagement

Willkommen in unserem fünften Kapitel auf der Reise zur Entfaltung Ihres Kleinunternehmens und der Verwirklichung Ihres Bestsellers. In diesem Abschnitt werden wir tief in die Welt des Social Media Marketings eintauchen, eine Welt, die Ihre Marke erstrahlen lassen und Ihr Publikum vergrößern kann. Von der kraftvollen Nutzung von Plattformen wie Facebook, Instagram, Twitter und LinkedIn bis zur Gestaltung einer maßgeschneiderten Social-Media-Strategie, die Ihr Unternehmen auf die Überholspur führt – in diesem Kapitel erfahren Sie alles, was Sie wissen müssen, um Ihr Publikum zu begeistern und Ihre Marke in den sozialen Medien zu etablieren.

Warum ist Social Media Marketing entscheidend?

Die sozialen Medien haben in den letzten Jahren die Art und Weise, wie wir kommunizieren, Informationen teilen und Entscheidungen treffen, grundlegend verändert. Millionen von Menschen auf der ganzen Welt sind auf Plattformen wie Facebook, Instagram und Twitter aktiv. Das bedeutet, dass die sozialen Medien nicht nur ein Ort für soziale Interaktionen sind, sondern auch eine Goldgrube für Unternehmen, die ihre Markenbekanntheit steigern und Kunden gewinnen möchten.

Hier sind einige Gründe, warum Social Media Marketing so entscheidend ist:

1. **Reichweite und Sichtbarkeit:** Die sozialen Medien ermöglichen es Ihnen, Ihre Botschaft einem breiten Publikum zugänglich zu machen. Ihre Marke kann in kurzer Zeit Tausende von Menschen erreichen.
2. **Kundenbindung:** Durch regelmäßige Interaktionen und ansprechenden Content können Sie eine engagierte Online-Community aufbauen. Ihre Kunden fühlen sich gehört und geschätzt.
3. **Zielgruppenausrichtung:** Social Media Plattformen bieten leistungsstarke Tools zur Zielgruppenausrichtung. Sie können Ihre Anzeigen und Inhalte gezielt an diejenigen liefern, die am wahrscheinlichsten an Ihren Produkten oder Dienstleistungen interessiert sind.
4. **Echtzeitkommunikation:** Sie können in Echtzeit mit Ihren Kunden kommunizieren, Fragen beantworten und auf Feedback reagieren. Diese unmittelbare Interaktion ist ein unschätzbarer Vorteil.
5. **Marktforschung:** Die sozialen Medien bieten Einblicke in das Verhalten und die Vorlieben Ihrer Zielgruppe. Sie können Trends identifizieren und Ihre Strategie entsprechend anpassen.

Social Media Marketing: Der Schlüssel zum Erfolg

Die sozialen Medien sind ein mächtiges Werkzeug, aber wie nutzen Sie sie am effektivsten? Social Media Marketing erfordert eine klare Strategie und die Bereitschaft, sich auf Veränderungen und Trends einzulassen. Es ist nicht nur das Posten von gelegentlichen Beiträgen, sondern eine kontinuierliche Bemühung, Ihre Zielgruppe zu erreichen und zu beeinflussen.

In diesem Kapitel werden wir die Grundlagen des Social Media Marketings durchgehen, von der Erstellung eines Social-Media-Plans bis zur Auswahl der richtigen Plattformen für Ihr Unternehmen. Wir werden bewährte Strategien für die Erstellung von ansprechendem Content, die Steigerung Ihrer Follower-Zahlen und die effektive Nutzung von Anzeigen und Analysen vorstellen. Egal, ob Sie gerade erst in die Welt der sozialen Medien eintreten oder bereits Erfahrung haben – wir werden sicherstellen, dass Sie die Werkzeuge und das Wissen haben, um in dieser aufregenden digitalen Landschaft erfolgreich zu sein.

Lassen Sie uns gemeinsam in die Welt des Social Media Marketings eintauchen und Ihr Kleinunternehmen auf den Weg zum Bestseller bringen. Sie werden lernen, wie Sie Ihre Social-Media-Präsenz optimieren, Ihre Kundenbindung steigern und Ihre Markenbekanntheit erhöhen können. Ihre Reise beginnt jetzt!

Die Auswahl der richtigen Social Media-Plattformen für Ihr Unternehmen: Ihre Digitale Bühne gestalten

Die Welt der sozialen Medien gleicht einem gigantischen Marktplatz, auf dem unterschiedliche Plattformen die Bühne für vielfältige Interaktionen und Geschäftsaktivitäten bieten. In diesem Abschnitt werden wir uns eingehend mit der Auswahl der richtigen Social Media-Plattformen für Ihr Kleinunternehmen befassen. Wie ein Regisseur, der Schauspieler für die richtigen Rollen auswählt, müssen Sie als Unternehmer die Plattformen auswählen, die Ihre Marke am besten repräsentieren und Ihr Publikum ansprechen.

Warum ist die Wahl der richtigen Social Media-Plattformen entscheidend?

Es gibt buchstäblich Dutzende von Social Media-Plattformen, von den Platzhirschen wie Facebook und Instagram bis zu Nischenplattformen wie LinkedIn und Pinterest. Die Wahl der richtigen Plattformen ist entscheidend, da sie Ihre Zielgruppe und Ihre Markenpräsenz maßgeblich beeinflusst. Hier sind einige Gründe, warum die Auswahl wichtig ist:

1. **Effizienz:** Jede Plattform erfordert Zeit und Ressourcen für die Erstellung und Pflege von Inhalten. Die Konzentration auf die richtigen Plattformen hilft Ihnen, Ihre Bemühungen effizienter zu gestalten.
2. **Zielgruppenausrichtung:** Jede Plattform hat ihre eigene Nutzerdemografie und Interessen. Durch die Auswahl der richtigen Plattformen erreichen Sie Ihre Zielgruppe gezielt.
3. **Markenimage:** Die Wahl der Plattformen beeinflusst Ihr Markenimage. Eine starke Präsenz auf professionellen Plattformen wie LinkedIn kann Ihr Unternehmen als seriös und kompetent darstellen, während visuell orientierte Plattformen wie Instagram Ihre Kreativität und Ästhetik hervorheben können.
4. **Zukünftiges Wachstum:** Die richtige Plattformauswahl kann zukünftiges Wachstum ermöglichen. Wenn Ihre Zielgruppe auf einer aufstrebenden Plattform aktiv ist, können Sie frühzeitig Präsenz zeigen.

Die bekanntesten Social Media-Plattformen und ihre Stärken:

1. **Facebook:** Als eine der größten Plattformen bietet Facebook eine breite Nutzerbasis und vielfältige Werbemöglichkeiten. Ideal für die meisten Unternehmen, um Markenbekanntheit zu steigern und direkte Kundeninteraktionen zu ermöglichen.
2. **Instagram:** Diese visuell orientierte Plattform eignet sich besonders gut für Unternehmen, die auf visuelle Ästhetik setzen, wie Mode, Kunst oder Gastronomie. Großartig für Storytelling durch Bilder und Videos.
3. **Twitter:** Perfekt für schnelle Nachrichten und Kundeninteraktionen in Echtzeit. Gut für Unternehmen, die aktuelle Informationen und schnelle Reaktionen benötigen.
4. **LinkedIn:** Eine Plattform für berufliche Netzwerke und B2B-Interaktionen. Ideal für Unternehmen, die Geschäftsbeziehungen aufbauen und Fachwissen demonstrieren möchten.
5. **Pinterest:** Hervorragend für Unternehmen mit visuell ansprechenden Produkten oder Dienstleistungen. Ideal für DIY Reisen, Mode und Inneneinrichtung.
6. **YouTube:** Die größte Videoplattform der Welt. Perfekt für Unternehmen, die informative oder unterhaltsame Videos erstellen können, um ihre Zielgruppe anzusprechen.
7. **TikTok:** Aufstrebende Plattform, besonders bei jüngeren Zielgruppen beliebt. Geeignet für kreative und unterhaltsame Inhalte.

Die Auswahl der Plattformen für Ihr Kleinunternehmen: Ein Praxisbeispiel

Angenommen, Sie betreiben ein kleines Café, das hausgemachte Backwaren und Spezialitätenkaffee anbietet. Ihre Zielgruppe sind vor allem lokale Kunden und Kaffeeliebhaber. Hier ist eine Beispielstrategie für die Auswahl der richtigen Plattformen:

1. **Facebook:** Diese Plattform ermöglicht es Ihnen, Ihre Café-Community zu stärken, Veranstaltungen zu bewerben und Ihre Menüangebote zu teilen. Eine regelmäßige Aktualisierung Ihrer Seite hilft, Ihre Stammkunden zu binden.
2. **Instagram:** Ideal für die Präsentation Ihrer wunderschön gestalteten Backwaren und Kaffeegetränke. Nutzen Sie Instagram Stories, um Einblicke in Ihren Café-Alltag zu geben und spezielle Aktionen zu bewerben.
3. **Twitter:** Für schnelle Updates über Tagesangebote und Sonderaktionen. Reagieren Sie prompt auf Kundenfeedback und Fragen.
4. **Pinterest:** Teilen Sie Rezepte, DIY-Tipps für Kaffeeliebhaber und visuell ansprechende Bilder Ihrer Speisen und Getränke.
5. **Google My Business:** Obwohl keine herkömmliche Social Media-Plattform, ist es entscheidend für lokale Unternehmen wie Cafés. Hier können Sie Öffnungszeiten, Bewertungen und Standortinformationen teilen.
6. **TikTok:** Eine aufstrebende Plattform, auf der Sie kreative Videos über die Zubereitung Ihrer Speisen oder die Geschichte Ihres Cafés erstellen können, um ein jüngeres Publikum zu erreichen.

Die Auswahl der richtigen Plattformen erfordert eine gründliche Analyse Ihrer Zielgruppe, Ihrer Branche und Ihrer Unternehmensziele. Es gibt keine Einheitslösung, aber indem Sie die Stärken jeder Plattform erkennen und sie gezielt nutzen, können Sie Ihre Markenpräsenz stärken und Ihre Geschäftsziele erreichen.

Fazit

Die Wahl der richtigen Social Media-Plattformen ist der Grundstein für eine erfolgreiche Social Media Marketing-Strategie. Indem Sie die Plattformen auswählen, die am besten zu Ihrem Unternehmen passen und Ihre Zielgruppe am effektivsten erreichen, setzen Sie den Grundstein für eine starke Präsenz in den sozialen Medien. In den nächsten Abschnitten werden wir uns genauer damit befassen, wie Sie auf diesen Plattformen ansprechenden Content erstellen und Ihre Zielgruppe engagieren können. Wir werden Ihnen bewährte Strategien und Best Practices vorstellen, um Ihre Social Media Präsenz auf das nächste Level zu heben. Bleiben Sie dran, denn Ihre Reise zum Bestseller ist in vollem Gange!

Content-Planung und -Erstellung für Social Media: Die Kunst des Kundenengagements

Die Auswahl der richtigen Social Media-Plattformen für Ihr Kleinunternehmen ist nur der erste Schritt auf Ihrer Reise zum Bestseller. Der nächste Schritt ist genauso entscheidend: die Content-Planung und -Erstellung. In diesem Abschnitt werden wir tief in die Welt des Content-Marketings für Social Media eintauchen. Wir werden uns damit beschäftigen, wie Sie ansprechenden Content erstellen, der Ihre Zielgruppe begeistert, Ihr Markenimage stärkt und Ihr Publikum dazu bringt, mehr von Ihrem Unternehmen zu erfahren.

Warum ist Content-Planung und -Erstellung so entscheidend?

In der heutigen Welt der sozialen Medien wird Content als König betrachtet. Es ist Ihr Schlüssel zur Kundenbindung und zur Steigerung der Sichtbarkeit Ihrer Marke. Ansprechender Content kann Ihre Zielgruppe ansprechen, Vertrauen aufbauen und letztendlich zu Kundenkonversionen führen. Hier sind einige Gründe, warum Content so entscheidend ist:

1. **Kundenbindung:** Hochwertiger Content spricht Ihre Zielgruppe an und ermutigt sie, mit Ihrem Unternehmen zu interagieren. Kunden, die sich mit Ihrem Content identifizieren, sind eher geneigt, mit Ihrer Marke zu interagieren und treue Kunden zu werden.
2. **Sichtbarkeit und Reichweite:** Regelmäßiger Content hilft dabei, Ihre Marke in den sozialen Medien sichtbar zu machen. Wenn Sie wertvollen Content teilen, wird er von Ihren Followern geteilt, was zu einer größeren Reichweite führt.
3. **Glaubwürdigkeit und Expertise:** Durch das Teilen von Fachwissen und Einblicken können Sie sich als Experte in Ihrer Branche positionieren. Dies erhöht das Vertrauen Ihrer Zielgruppe in Ihre Marke.
4. **Kundenakquise:** Ansprechender Content kann neue Kunden anziehen und sie dazu ermutigen, mehr über Ihr Unternehmen zu erfahren und letztendlich Produkte oder Dienstleistungen von Ihnen zu kaufen.

Die Grundlagen der Content-Planung und -Erstellung:

Bevor Sie in die Erstellung von Content einsteigen, ist es wichtig, eine klare Strategie zu haben. Hier sind die grundlegenden Schritte für die Content-Planung und -Erstellung:

1. **Zielsetzung:** Definieren Sie klare Ziele für Ihren Content. Möchten Sie die Markenbekanntheit steigern, Leads generieren oder den Umsatz steigern? Ihre Ziele beeinflussen den Art des Contents, den Sie erstellen sollten.
2. **Zielgruppenanalyse:** Verstehen Sie Ihre Zielgruppe genau. Welche Probleme haben sie? Was sind ihre Interessen und Vorlieben? Welche Art von Content würden sie ansprechen?
3. **Content-Arten:** Überlegen Sie, welche Arten von Content am besten zu Ihren Zielen und Ihrer Zielgruppe passen. Dies können Blog-Beiträge, Videos, Infografiken, Podcasts oder interaktive Inhalte sein.
4. **Content-Kalender:** Erstellen Sie einen Content-Kalender, um sicherzustellen, dass Sie regelmäßig neuen Content veröffentlichen. Planen Sie Themen und Veröffentlichungsdaten im Voraus.
5. **Storytelling:** Nutzen Sie die Kraft des Storytellings, um Ihre Botschaften in packende Erzählungen zu verwandeln. Geschichten haben das Potenzial, Emotionen zu wecken und die Aufmerksamkeit Ihrer Zielgruppe zu erfassen.
6. **Kreativität:** Seien Sie kreativ und innovativ. Denken Sie außerhalb der Box und versuchen Sie, originelle und einzigartige Ideen für Ihren Content zu finden.

Beispiele für Content-Planung und -Erstellung in einem Café:

Angenommen, Sie führen ein kleines Café. Hier sind einige Beispiele für Content, die Sie planen und erstellen könnten, um Ihre Zielgruppe anzusprechen:

1. **Wöchentliche Kaffeekunde:** Teilen Sie jede Woche Informationen über eine bestimmte Kaffeebohne oder Kaffeesorte. Erklären Sie den Geschmack, die Herkunft und die Zubereitungsmethoden.
2. **Rezepte und Tutorials:** Veröffentlichen Sie kurze Videos, in denen Sie zeigen, wie man einige Ihrer beliebtesten Backwaren zu Hause zubereitet. Dies kann Kunden dazu ermutigen, Ihre Produkte auszuprobieren.
3. **Geschichten über Ihr Café:** Teilen Sie Geschichten über die Geschichte Ihres Cafés, Ihre Leidenschaft für Kaffee und die Menschen, die hinter den Kulissen arbeiten.
4. **Kundenbewertungen:** Teilen Sie positive Bewertungen und Feedback von Kunden auf Ihren Social Media-Plattformen. Dies baut Vertrauen in Ihre Marke auf.
5. **Veranstaltungen und Aktionen:** Bewerben Sie besondere Veranstaltungen, wie Themenabende oder Rabattaktionen, um Kunden in Ihr Café zu locken.

Die Erstellung ansprechender Inhalte: Praxisbeispiele

Die Erstellung ansprechender Inhalte erfordert Kreativität und Engagement. Hier sind einige Beispiele, wie Sie ansprechenden Content erstellen können:

1. **Bilder und Videos:** Nutzen Sie hochwertige Bilder und Videos, um visuell ansprechenden Content zu erstellen. Zeigen Sie Ihre Produkte in ihrer ganzen Pracht.
2. **Geschichten erzählen:** Nutzen Sie das Storytelling, um eine Verbindung zu Ihren Kunden herzustellen. Erzählen Sie Geschichten über die Menschen hinter Ihrem Unternehmen und die Leidenschaft, die Ihre Produkte antreibt.
3. **Interaktive Inhalte:** Erstellen Sie Umfragen, Quizze oder Wettbewerbe, um die Interaktion Ihrer Zielgruppe anzuregen.
4. **Infografiken:** Nutzen Sie Infografiken, um komplexe Informationen in leicht verdaulicher Form bereitzustellen.
5. **User-generated Content:** Ermutigen Sie Ihre Kunden, Inhalte zu erstellen und sie mit Ihrem Unternehmen zu teilen. Verwenden Sie Hashtags, um den User-generated Content zu organisieren und zu fördern.
6. **Aktuelle Trends:** Bleiben Sie auf dem Laufenden über aktuelle Trends und Ereignisse, die zu Ihrer Branche passen. Erstellen Sie Content, der auf diese Trends eingeht.

Die Erstellung von Content erfordert Zeit und Mühe, aber die Belohnungen sind es wert. Wenn Sie regelmäßig hochwertigen Content erstellen und Ihre Zielgruppe ansprechen, werden Sie Ihr Publikum begeistern und Ihr Kleinunternehmen auf die Überholspur bringen.

Fazit

Die Content-Planung und -Erstellung sind von entscheidender Bedeutung für den Erfolg Ihrer Social Media Marketing-Strategie. Indem Sie hochwertigen und ansprechenden Content erstellen, können Sie Ihre Zielgruppe ansprechen, Ihr Markenimage stärken und Ihre Geschäftsziele erreichen. In den nächsten Abschnitten werden wir uns genauer damit befassen, wie Sie Ihren Content effektiv verbreiten und Ihre Zielgruppe aktiv engagieren können. Ihre Reise zum Bestseller geht weiter, und wir sind hier, um Sie auf jedem Schritt zu unterstützen!

Anzeigen auf Social Media: Paid Social Advertising – Der Turbo für Ihren Erfolg

Wir haben bisher gelernt, wie Sie die richtigen Social Media-Plattformen auswählen und ansprechenden Content erstellen können. Nun ist es an der Zeit, den nächsten Schritt zu gehen und über bezahlte Social Media-Werbung zu sprechen. In diesem Abschnitt werden wir die Welt der bezahlten Anzeigen auf Social Media erkunden und wie sie Ihr Kleinunternehmen auf das nächste Level heben können. Wir werden Ihnen zeigen, wie Sie Ihre Marketingbudgets effektiv einsetzen können, um Ihre Reichweite zu steigern, neue Kunden zu gewinnen und den Umsatz zu steigern.

Warum ist Paid Social Advertising so entscheidend?

Bezahlte Werbung auf Social Media bietet eine Vielzahl von Vorteilen, die Ihre Marketingbemühungen verstärken können. Hier sind einige Gründe, warum Paid Social Advertising entscheidend ist:

1. **Schnelle Ergebnisse:** Im Gegensatz zu organischen Posts, die Zeit benötigen, um Reichweite aufzubauen, können bezahlte Anzeigen sofortige Ergebnisse liefern. Sie können Ihre Botschaft direkt vor Ihr Publikum bringen.
2. **Zielgruppenausrichtung:** Paid Social Advertising ermöglicht es Ihnen, Ihre Anzeigen genau auf Ihre Zielgruppe auszurichten. Sie können demografische Merkmale, Interessen und Verhaltensweisen verwenden, um sicherzustellen, dass Ihre Anzeigen die richtigen Menschen erreichen.
3. **Messbarkeit:** Sie können den Erfolg Ihrer bezahlten Anzeigen genau messen. Sie wissen, wie viele Personen Ihre Anzeigen gesehen haben, darauf geklickt haben und letztendlich eine Handlung auf Ihrer Website durchgeführt haben.
4. **Skalierbarkeit:** Sie können Ihr Budget flexibel anpassen und Ihre Werbemaßnahmen skalieren, je nachdem, wie erfolgreich sie sind. Dies ermöglicht es Ihnen, das Beste aus Ihrem Marketingbudget herauszuholen.
5. **Wettbewerbsvorteil:** Da viele Unternehmen bezahlte Werbung nutzen, kann dies ein Wettbewerbsvorteil sein. Es ermöglicht Ihnen, Ihre Marke stärker zu positionieren und Kunden schneller anzusprechen als Ihre Konkurrenten.

Paid Social Advertising-Optionen:

Es gibt verschiedene Arten von bezahlter Werbung auf Social Media, und die Wahl der richtigen Option hängt von Ihren Zielen und Ihrer Zielgruppe ab. Hier sind einige der gängigsten Paid Social Advertising-Optionen:

1. **Facebook-Werbeanzeigen:** Mit Facebook-Werbeanzeigen können Sie Ihre Anzeigen in den Facebook-Newsfeeds, im Audience Network und auf Instagram schalten. Sie können verschiedene Anzeigentypen wie Bildanzeigen, Videoanzeigen, Karussellanzeigen und mehr verwenden.
2. **Instagram-Werbeanzeigen:** Instagram bietet verschiedene Werbeformate, darunter Bildanzeigen, Videoanzeigen, Karussellanzeigen und Story-Anzeigen. Diese können in den Instagram-Feeds und -Stories geschaltet werden.
3. **Twitter-Werbeanzeigen:** Auf Twitter können Sie Promoted Tweets, Promoted Accounts und Promoted Trends verwenden, um Ihre Botschaft zu verbreiten.
4. **LinkedIn-Werbeanzeigen:** LinkedIn eignet sich besonders gut für B2B-Unternehmen. Sie können Anzeigen in den LinkedIn-Feeds, im Audience Network und auf Partnerwebsites schalten.
5. **Pinterest-Werbeanzeigen:** Mit Pinterest-Werbeanzeigen können Sie Ihre Produkte und Dienstleistungen auf Pinterest bewerben. Sie können Promoted Pins und Promoted Videos verwenden.

Beispiele für Paid Social Advertising in einem Café:

Angenommen, Sie betreiben ein Café und möchten Ihre wöchentlichen Sonderangebote bewerben. Hier sind einige Beispiele, wie Sie Paid Social Advertising nutzen könnten:

1. **Facebook-Werbeanzeigen:** Sie könnten eine Bildanzeige erstellen, die Ihr Café und das wöchentliche Sonderangebot zeigt. Sie könnten Ihre Zielgruppe basierend auf demografischen Merkmalen, Interessen und Standort auswählen, um sicherzustellen, dass die Anzeige bei den richtigen Personen angezeigt wird.
2. **Instagram-Werbeanzeigen:** Instagram ist visuell orientiert, daher wäre eine Story-Anzeige oder eine Bildanzeige mit einem verlockenden Foto Ihres Sonderangebots wirksam. Sie könnten auch Hashtags verwenden, um Ihre Reichweite zu erhöhen.
3. **Twitter-Werbeanzeigen:** Auf Twitter könnten Sie Promoted Tweets verwenden, um Ihr Sonderangebot zu teilen. Sie könnten Twitter-Nutzer ansprechen, die nach lokalen Angeboten suchen.
4. **LinkedIn-Werbeanzeigen:** Wenn Ihr Café auch Geschäftskunden anspricht, könnten Sie LinkedIn nutzen, um Ihr Sonderangebot in den Feeds relevanter Geschäftsleute zu bewerben.

Die Kunst der effektiven Paid Social Advertising: Praxisbeispiele

Die Erstellung effektiver bezahlter Anzeigen erfordert eine strategische Herangehensweise. Hier sind einige bewährte Praktiken für erfolgreiche Paid Social Advertising:

1. **Klare Ziele setzen:** Definieren Sie klare Ziele für Ihre Anzeigen. Möchten Sie mehr Website-Traffic, Leads oder Verkäufe generieren? Ihre Ziele beeinflussen Ihre Anzeigenstrategie.
2. **Zielgruppenausrichtung:** Nutzen Sie die leistungsstarken Targeting-Optionen auf den Social Media-Plattformen, um sicherzustellen, dass Ihre Anzeigen die richtigen Personen erreichen.
3. **Kreativer Content:** Erstellen Sie ansprechende und kreative Anzeigeninhalte, die die Aufmerksamkeit Ihrer Zielgruppe erfassen. Nutzen Sie hochwertige Bilder und klare Botschaften.

4. **A/B-Tests:** Führen Sie A/B-Tests durch, um verschiedene Anzeigenvariationen zu testen und herauszufinden, welche am besten funktioniert.
5. **Budgetmanagement:** Verwalten Sie Ihr Budget sorgfältig und überwachen Sie die Leistung Ihrer Anzeigen. Passen Sie Ihr Budget an, basierend auf den Ergebnissen.

Fazit

Paid Social Advertising kann ein leistungsstarkes Instrument sein, um Ihre Marketingziele zu erreichen und Ihr Kleinunternehmen voranzubringen. Wenn Sie die richtigen Plattformen auswählen, Ihre Zielgruppe ansprechen und kreative Anzeigeninhalte erstellen, können Sie Ihr Marketingbudget optimal nutzen und beeindruckende Ergebnisse erzielen. In den nächsten Abschnitten werden wir weitere Aspekte des Social Media Marketings erkunden, um Ihr Verständnis und Ihre Fähigkeiten weiter zu vertiefen. Ihre Reise zum Bestseller setzt sich fort, und wir sind hier, um Sie zu begleiten!

Kapitel 6: E-Mail-Marketing und Marketing-Automatisierung: Die Kunst der direkten Kundenbindung

Willkommen im aufregenden Kapitel 6 unseres Bestseller-eBooks, in dem wir uns mit zwei mächtigen Werkzeugen des digitalen Marketings beschäftigen werden: E-Mail-Marketing und Marketing-Automatisierung. Diese beiden Konzepte haben das Potenzial, die Art und Weise zu revolutionieren, wie Sie mit Ihren Kunden interagieren, sie ansprechen und Ihr Unternehmen auf die nächste Stufe bringen.

Warum ist E-Mail-Marketing und Marketing-Automatisierung so entscheidend?

E-Mail-Marketing und Marketing-Automatisierung sind entscheidende Komponenten Ihrer digitalen Marketingstrategie aus mehreren Gründen:

1. **Direkte Kundenbindung:** E-Mails sind ein direkter Kommunikationskanal zu Ihren Kunden. Sie ermöglichen es Ihnen, personalisierte Botschaften direkt in die Posteingänge Ihrer Zielgruppe zu senden.
2. **Kundenpflege:** E-Mail-Marketing ist ein leistungsstarkes Werkzeug, um Kundenbeziehungen zu pflegen. Sie können wertvolle Informationen, Tipps und Angebote an Ihre Kunden senden, um ihre Loyalität zu stärken.
3. **Umsatzsteigerung:** Durch gezielte E-Mail-Kampagnen können Sie den Umsatz steigern, indem Sie Kunden dazu ermutigen, Ihre Produkte oder Dienstleistungen zu kaufen.
4. **Effizienzsteigerung:** Marketing-Automatisierung ermöglicht es Ihnen, repetitive Aufgaben zu automatisieren, was Zeit und Ressourcen spart. Sie können personalisierte E-Mails basierend auf dem Verhalten und den Interessen Ihrer Kunden senden.
5. **Messbarkeit:** Sie können den Erfolg Ihrer E-Mail-Marketingkampagnen genau verfolgen, indem Sie Kennzahlen wie Öffnungsrate, Klickrate und Konversionsrate analysieren.

E-Mail-Marketing: Die Grundlagen

Bevor wir in die Welt der Marketing-Automatisierung eintauchen, wollen wir uns zunächst mit den Grundlagen des E-Mail-Marketings vertraut machen:

1. **E-Mail-Listen:** Der erste Schritt ist der Aufbau und die Pflege Ihrer E-Mail-Liste. Diese Liste besteht aus den E-Mail-Adressen Ihrer Kunden und Interessenten. Sie ist die Grundlage Ihrer E-Mail-Marketingbemühungen.
2. **Segmentierung:** Eine effektive E-Mail-Marketingstrategie erfordert die Segmentierung Ihrer Liste. Das bedeutet, dass Sie Ihre Abonnenten in Gruppen einteilen, basierend auf Kriterien wie Interessen, Kaufverhalten oder Standort.
3. **Personalisierung:** Personalisierte E-Mails sind effektiver. Verwenden Sie den Namen des Empfängers und passen Sie den Inhalt an seine Interessen und Bedürfnisse an.
4. **Inhalt:** Der Inhalt Ihrer E-Mails ist entscheidend. Bieten Sie Mehrwert in Form von informativen Artikeln, exklusiven Angeboten oder unterhaltsamen Geschichten.
5. **Betreffzeile:** Die Betreffzeile ist das erste, was Ihre Empfänger sehen. Sie sollte neugierig machen und zum Öffnen der E-Mail anregen.

Marketing-Automatisierung: Mehr Effizienz, weniger Aufwand

Marketing-Automatisierung ist ein Game Changer im digitalen Marketing. Es ermöglicht Ihnen, gezielte Nachrichten zur richtigen Zeit an die richtige Person zu senden, ohne ständig manuell eingreifen zu müssen. Hier sind einige Möglichkeiten, wie Marketing-Automatisierung Ihr Marketing verbessern kann:

1. **Willkommens-E-Mails:** Senden Sie automatisch eine personalisierte Willkommens-E-Mail an neue Abonnenten Ihrer Liste.
2. **Lead-Nurturing:** Automatisieren Sie den Prozess, Interessenten zu Kunden zu machen, indem Sie automatisch personalisierte E-Mails basierend auf ihrem Verhalten senden.
3. **Warenkorbabbrecher-E-Mails:** Senden Sie automatisch Erinnerungs-E-Mails an Kunden, die den Warenkorb verlassen haben, um den Kauf abzuschließen.
4. **Geburtstags-E-Mails:** Überraschen Sie Ihre Kunden mit automatischen Geburtstagsgrüßen und Sonderangeboten.
5. **Reaktionsbasierte E-Mails:** Senden Sie automatisch E-Mails basierend auf dem Verhalten Ihrer Kunden auf Ihrer Website oder in vorherigen E-Mails.

E-Mail-Marketing und Marketing-Automatisierung in der Praxis

Stellen Sie sich vor, Sie führen ein Online-Modegeschäft. Hier sind einige Beispiele, wie Sie E-Mail-Marketing und Marketing-Automatisierung in Ihrem Unternehmen einsetzen könnten:

1. **Willkommens-E-Mail:** Wenn jemand sich für Ihren Newsletter anmeldet, senden Sie automatisch eine Willkommens E-Mail mit einem Rabattcode für den ersten Einkauf.
2. **Abandoned Cart E-Mails:** Wenn ein Kunde den Warenkorb verlässt, ohne den Kauf abzuschließen, senden Sie automatisch eine Erinnerungs-E-Mail mit den ausgewählten Produkten und einem Anreiz, den Kauf abzuschließen.
3. **Produktempfehlungen:** Basierend auf dem Kaufverhalten eines Kunden senden Sie automatisch E-Mails mit Produktempfehlungen, die zu seinen Interessen passen.
4. **Geburtstagsgrüße:** Senden Sie automatisch Geburtstagsgrüße mit einem exklusiven Geburtstagsgutschein.
5. **Loyalitätsprogramm:** Automatisieren Sie die Kommunikation mit Ihren loyalsten Kunden, indem Sie ihnen exklusive Angebote und Belohnungen senden.

Fazit

E-Mail-Marketing und Marketing-Automatisierung sind leistungsstarke Werkzeuge, um Kundenbeziehungen aufzubauen, die Effizienz zu steigern und den Umsatz zu steigern. In den nächsten Abschnitten werden wir uns genauer damit befassen, wie Sie Ihre E-Mail-Marketingstrategie planen, durchführen und optimieren können. Bleiben Sie dran, denn Ihre Reise zum Bestseller geht weiter und wir sind hier, um Sie zu führen!

Aufbau einer Starken E-Mail-Liste: Ihre Eintrittskarte zur Kundenbindung und zum Umsatzwachstum

Der Aufbau einer starken E-Mail-Liste ist der Grundpfeiler Ihrer E-Mail-Marketingstrategie. Eine qualitativ hochwertig Liste von E-Mail-Abonnenten kann den Unterschied zwischen erfolgreichen Kampagnen und vergeblichen Bemühungen ausmachen. In diesem Abschnitt werden wir eintauchen, wie Sie eine solche Liste aufbauen können, die nicht nur quantitativ, sondern auch qualitativ beeindruckend ist. Wir werden Strategien, Techniken und Praktiken diskutieren, die Sie in Ihrem Kleinunternehmen sofort umsetzen können.

Warum ist eine E-Mail-Liste so entscheidend?

Bevor wir uns dem Aufbau Ihrer E-Mail-Liste widmen, lassen Sie uns kurz die Bedeutung einer E-Mail-Liste für Ihr Kleinunternehmen erläutern:

1. **Direkte Kommunikation:** Eine E-Mail-Liste ermöglicht es Ihnen, direkt mit Ihren Kunden und Interessenten zu kommunizieren, ohne von Algorithmen oder sozialen Plattformen abhängig zu sein.
2. **Kundenbindung:** E-Mails sind ein effektiver Weg, um bestehende Kunden zu binden, ihnen Mehrwert zu bieten und sie für wiederholte Käufe zu gewinnen.
3. **Vertrauensbildung:** Wenn Menschen ihre E-Mail-Adresse preisgeben, zeigen sie ein gewisses Maß an Vertrauen in Unternehmen. Sie sind eher geneigt, auf Ihre Angebote einzugehen.
4. **Umsatzsteigerung:** Eine gut gepflegte E-Mail-Liste kann zu höheren Umsätzen führen, indem sie Kunden zur Kaufentscheidung führt und Cross-Selling-Möglichkeiten bietet.
5. **Messbarkeit:** Sie können den Erfolg Ihrer E-Mail-Marketingkampagnen genau messen und Ihre Strategie entsprechend anpassen.

Strategien zum Aufbau Ihrer E-Mail-Liste:

1. **Verlockende Lead-Magneten:** Um E-Mail-Abonnenten zu gewinnen, bieten Sie etwas von Wert in Form einer Lead Magnet an. Dies kann ein E-Book, ein Rabattcode, ein Webinar oder ein Whitepaper sein. Zum Beispiel könnte ein Restaurant einen kostenlosen Gutschein für ein Dessert anbieten, wenn sich Kunden für den Newsletter anmelden.
2. **Opt-in-Formulare auf Ihrer Website:** Platzieren Sie gut sichtbare Opt-in-Formulare auf Ihrer Website, insbesonder auf Ihrer Startseite und auf Landing Pages. Erklären Sie, welchen Nutzen Abonnenten erhalten, wenn sie sich anmelden.
3. **Exit-Intent-Pop-ups:** Nutzen Sie Exit-Intent-Pop-ups, um Besucher daran zu erinnern, sich für Ihren Newsletter anzumelden, bevor sie die Website verlassen.

4. **Social Media Integration:** Teilen Sie Ihre Lead-Magneten und E-Mail-Anmeldeformulare auf Ihren Social-Media-Plattformen. Machen Sie Ihre Präsenz auf diesen Plattformen zur E-Mail-Listen-Generierungsmaschine.
5. **Gewinnspiele und Wettbewerbe:** Veranstalten Sie Gewinnspiele oder Wettbewerbe und fordern Sie die Teilnehmer auf, sich für Ihren Newsletter anzumelden, um teilzunehmen.
6. **Kooperationen und Partnerschaften:** Arbeiten Sie mit anderen Unternehmen oder Influencern zusammen, um Ihre Reichweite zu erweitern und gemeinsam E-Mail-Abonnenten zu gewinnen.

Beispiele aus der Praxis:

Stellen Sie sich vor, Sie betreiben ein kleines Schmuckgeschäft. Hier sind einige Beispiele, wie Sie eine starke E-Mail-Liste aufbauen könnten:

1. **Rabatt für Erstanmelder:** Bieten Sie einen 10%igen Rabatt auf den ersten Einkauf für Kunden an, die sich für Ihren Newsletter anmelden. Diese Aktion kann auf Ihrer Website prominent beworben werden.
2. **Wöchentliche Schmucktipps:** Versprechen Sie wöchentliche E-Mails mit Schmucktipps, Styling-Ideen und exklusiven Angeboten für Abonnenten.
3. **Social Media Giveaway:** Veranstalten Sie auf Ihren Social-Media-Plattformen ein Giveaway, bei dem Teilnehmer sich anmelden müssen, um teilzunehmen.
4. **Kooperation mit einem Blogger:** Kooperieren Sie mit einem lokalen Modeblogger, der Ihre Produkte trägt und seine Leser ermutigt, sich für Ihren Newsletter anzumelden, um exklusive Einblicke und Rabatte zu erhalten.

Die Kunst der Listensegmentierung:

Sobald Sie Ihre E-Mail-Liste aufgebaut haben, ist es wichtig, sie sinnvoll zu segmentieren. Das bedeutet, dass Sie Ihre Abonnenten in Gruppen einteilen, basierend auf Kriterien wie Interessen, Kaufverhalten oder Standort. Die Segmentierung ermöglicht es Ihnen, gezieltere und relevantere E-Mails zu senden, was die Wahrscheinlichkeit von Konversionen erhöht.

Fazit

Der Aufbau einer starken E-Mail-Liste erfordert Zeit und Geduld, aber die Belohnungen sind es wert. Eine qualitativ hochwertige Liste von E-Mail-Abonnenten ist eine wertvolle Ressource für Ihr Kleinunternehmen, die Ihnen hilft, Kunden zu binden, den Umsatz zu steigern und langfristige Beziehungen aufzubauen. Bleiben Sie dran, denn Ihre Reise zum Bestseller geht weiter, und wir sind hier, um Sie auf jedem Schritt zu unterstützen!

E-Mail-Marketing-Kampagnen erstellen und optimieren: Ihr Schlüssel zum Kundenengagement und zur Konversionssteigerung

Willkommen in einem weiteren aufregenden Kapitel unseres Bestseller-eBooks, in dem wir uns mit der Kunst und Wissenschaft der Erstellung und Optimierung von E-Mail-Marketing-Kampagnen befassen werden. E-Mail-Marketing ist eine der leistungsstärksten Methoden, um mit Ihren Kunden in Kontakt zu treten und sie zu Aktionen zu bewegen, sei es der Kauf eines Produkts, die Anmeldung zu einem Event oder die Teilnahme an einem Umfrage. In diesem Kapitel werden wir die folgenden Aspekte detailliert untersuchen:

1. **Das Anatomie einer erfolgreichen E-Mail-Kampagne**
2. **Segmentierung Ihrer E-Mail-Liste für personalisierte Kampagnen**
3. **E-Mail-Inhalte, die begeistern und konvertieren**
4. **Das Timing von E-Mail-Kampagnen für maximale Wirkung**
5. **Die Messung und Optimierung Ihrer Kampagnen für stetige Verbesserung**

Die Anatomie einer erfolgreichen E-Mail-Kampagne

Eine erfolgreiche E-Mail-Kampagne erfordert ein durchdachtes und strukturiertes Vorgehen. Hier sind die grundlegenden Elemente einer E-Mail-Kampagne:

- **Betreffzeile:** Die Betreffzeile ist das Erste, was Ihre Abonnenten sehen, und sie sollte neugierig machen und zum Öffnen der E-Mail anregen.

- **Absendername:** Der Name, der in der Absenderzeile angezeigt wird, sollte vertrauenswürdig und erkennbar sein.
- **Personalisierung:** Personalisierte E-Mails erzielen oft bessere Ergebnisse. Verwenden Sie den Namen des Empfängers und andere relevante Informationen.
- **Inhalt:** Der Hauptteil der E-Mail sollte informativ, relevant und ansprechend sein. Bieten Sie Mehrwert, sei es in Form von Angeboten, Informationen oder Unterhaltung.
- **Call-to-Action (CTA):** Jede E-Mail sollte eine klare Handlungsaufforderung enthalten, die den Empfänger dazu ermutigt, eine gewünschte Aktion auszuführen, z. B. "Jetzt kaufen", "Registrieren" oder "Mehr erfahren".
- **Grafiken und Medien:** Bilder und Videos können Ihre Botschaft verstärken, sollten aber sparsam eingesetzt werden, um die Ladezeit der E-Mail nicht zu verlangsamen.
- **Kontaktinformationen:** Stellen Sie sicher, dass Ihre Kontaktinformationen leicht zugänglich sind, falls der Empfänger Fragen hat oder Kontakt aufnehmen möchte.

Segmentierung Ihrer E-Mail-Liste für personalisierte Kampagnen

Die Segmentierung Ihrer E-Mail-Liste ist ein entscheidender Schritt, um personalisierte Kampagnen zu erstellen. Dies ermöglicht es Ihnen, gezielte Nachrichten an Gruppen von Abonnenten zu senden, die ähnliche Interessen, Kaufverhalten oder demografische Merkmale haben. Zum Beispiel könnten Sie Ihre Liste nach Geschlecht, Altersgruppe, Standort oder früherem Kaufverhalten segmentieren. Dies ermöglicht es Ihnen, relevantere Inhalte und Angebote bereitzustellen, was die Wahrscheinlichkeit von Konversionen erhöht.

E-Mail-Inhalte, die begeistern und konvertieren

Der Inhalt Ihrer E-Mail ist der Schlüssel zum Erfolg Ihrer Kampagne. Hier sind einige bewährte Praktiken für die Erstellung überzeugender E-Mail-Inhalte:

1. **Klarer Mehrwert:** Stellen Sie sicher, dass Ihre E-Mail einen klaren Mehrwert für den Empfänger bietet. Warum sollten sie die E-Mail öffnen und lesen?
2. **Bilder und Medien:** Verwenden Sie ansprechende Bilder und Videos, um Ihre Botschaft zu vermitteln, aber stellen Sie sicher, dass sie relevante und gut platziert sind.
3. **Kurz und prägnant:** Halten Sie Ihre E-Mails kurz und auf den Punkt. Die meisten Menschen scannen E-Mails nur schnell.
4. **Call-to-Action:** Ihre CTA sollte auffällig sein und den Empfänger dazu ermutigen, zu handeln. Verwenden Sie klare und aktionsorientierte Sprache.

Das Timing von E-Mail-Kampagnen für maximale Wirkung

Das Timing Ihrer E-Mail-Kampagnen kann einen erheblichen Einfluss auf ihre Wirksamkeit haben. Hier sind einige Überlegungen:

- **Tageszeit:** Unterschiedliche Zielgruppen sind zu verschiedenen Tageszeiten aktiv. Testen Sie, wann Ihre E-Mails die besten Öffnungsraten erzielen.
- **Wochentag:** Einige Tage der Woche sind besser für bestimmte Arten von E-Mails. Geschäftliche Angebote könnten besser an Wochentagen funktionieren, während Unterhaltungsangebote am Wochenende beliebter sein könnten.
- **Feiertage und Anlässe:** Nutzen Sie Feiertage und besondere Anlässe, um gezielte E-Mail-Kampagnen durchzuführen.

Die Messung und Optimierung Ihrer Kampagnen für stetige Verbesserung

Die Messung des Erfolgs Ihrer E-Mail-Kampagnen ist entscheidend für deren Optimierung. Verwenden Sie Tools wie Öffnungsrate, Klickrate und Konversionsrate, um den Erfolg Ihrer Kampagnen zu verfolgen. Testen Sie verschiedene Betreffzeilen, Inhalte und CTAs, um herauszufinden, was am besten funktioniert. Bitten Sie auch um Feedback von Ihren Abonnenten, um Ihre Kampagnen kontinuierlich zu verbessern.

Beispiele aus der Praxis:

Angenommen, Sie führen ein kleines Café und möchten eine E-Mail-Kampagne für Ihr monatliches Kaffee-Abonnement erstellen. Hier ist, wie Sie vorgehen könnten:

- **Betreffzeile:** "Verpassen Sie nicht unsere köstlichen Kaffee-Sorten im September!"

- **Personalisierung:** Verwenden Sie den Namen des Abonnenten und schreiben Sie die E-Mail aus Sicht des Café-Besitzers.
- **Inhalt:** Stellen Sie die verschiedenen Kaffeesorten vor, die im September erhältlich sind, mit ansprechenden Bildern und einer kurzen Beschreibung.
- **CTA:** "Jetzt bestellen" - Direkte Aufforderung zur Bestellung.
- **Segmentierung:** Sie könnten die E-Mail an Abonnenten senden, die in den letzten 3 Monaten bestellt haben.
- **Timing:** Versenden Sie die E-Mail am Montagmorgen, wenn die Leute ihre Woche planen.

Fazit

Die Erstellung und Optimierung von E-Mail-Marketing-Kampagnen erfordert Sorgfalt und Strategie, aber sie kann zu beeindruckenden Ergebnissen führen. Personalisierung, relevante Inhalte und eine klare Handlungsaufforderung sind Schlüsselkomponenten erfolgreicher Kampagnen. Bleiben Sie dran, denn Ihre Reise zum Bestseller geht weiter, und wir sind hier, um Sie auf jedem Schritt zu unterstützen!

Marketing-Automatisierung zur Effizienzsteigerung: Die Zukunft des E-Mail-Marketings

Willkommen zu einem weiteren spannenden Kapitel unseres Bestseller-eBooks! Hier werden wir die Welt der Marketing-Automatisierung erkunden und wie sie Ihr Kleinunternehmen auf die nächste Stufe heben kann. Die Automatisierung von Marketingaufgaben ermöglicht es Ihnen, Zeit zu sparen, die Effizienz zu steigern und gleichzeitig eine personalisierte Kundenkommunikation aufrechtzuerhalten. In diesem Abschnitt werden wir die folgenden Punkte im Detail besprechen:

1. **Was ist Marketing-Automatisierung und warum ist sie wichtig?**
2. **Wie funktioniert Marketing-Automatisierung?**
3. **Einsatzmöglichkeiten der Marketing-Automatisierung im Kleinunternehmen.**
4. **Die besten Praktiken für eine erfolgreiche Marketing-Automatisierung.**
5. **Beispiele aus der Praxis: Wie Kleinunternehmen von Marketing-Automatisierung profitieren können.**

Was ist Marketing-Automatisierung und warum ist sie wichtig?

Marketing-Automatisierung bezieht sich auf den Einsatz von Software und Technologie, um Marketingaufgaben und -prozesse zu automatisieren, die normalerweise manuelle Eingriffe erfordern würden. Dies kann Aufgaben wie das Versenden von E-Mails, die Segmentierung von Kunden, das Lead-Scoring, die Social-Media-Planung und vieles mehr umfassen. Warum ist das wichtig? Hier sind einige Gründe:

- **Zeitersparnis:** Durch die Automatisierung können Sie wiederkehrende Aufgaben erheblich beschleunigen und mehr Zeit für strategische Aktivitäten gewinnen.
- **Konsistenz:** Automatisierte Prozesse sorgen dafür, dass Ihre Marketingkommunikation konsistent ist und keine menschlichen Fehler auftreten.
- **Personalisierung:** Sie können personalisierte Nachrichten an Ihre Kunden senden, basierend auf deren Verhalten und Interessen.
- **Effizienz:** Durch die Automatisierung können Sie mehrere Aufgaben gleichzeitig erledigen und so die Effizienz steigern.

Wie funktioniert Marketing-Automatisierung?

Die Grundlage der Marketing-Automatisierung sind Regeln und Trigger. Sie legen fest, wann und wie bestimmte Aktionen ausgelöst werden sollen. Hier ist ein einfaches Beispiel: Wenn ein Kunde sich für Ihren Newsletter anmeldet, können Sie automatisch eine Willkommens-E-Mail senden. Wenn dieser Kunde dann auf einen Link in der E-Mail klickt und einen Kauf tätigt, können Sie automatisch eine Dankes-E-Mail und eine Empfehlung für weitere Produkte senden.

Einsatzmöglichkeiten der Marketing-Automatisierung im Kleinunternehmen.

Die Marketing-Automatisierung bietet eine Vielzahl von Anwendungsmöglichkeiten für Kleinunternehmen:

- **Onboarding von Kunden:** Begrüßen Sie neue Kunden automatisch und führen Sie sie durch den Kaufprozess.
- **Lead-Nurturing:** Pflegen Sie Leads durch gezielte E-Mail-Kampagnen, um sie in zahlende Kunden umzuwandeln.

- **Warenkorbabbrüche reduzieren:** Erinnern Sie Kunden automatisch an ihren Warenkorb, wenn sie ihn verlassen, und bieten Sie Anreize zur Wiederkehr.
- **Geburtstags- und Jubiläumsnachrichten:** Senden Sie automatisch personalisierte Glückwünsche und Angebote an Kunden zu ihren besonderen Anlässen.

Die besten Praktiken für eine erfolgreiche Marketing-Automatisierung.

Damit Ihre Marketing-Automatisierung erfolgreich ist, sollten Sie die folgenden bewährten Praktiken beachten:

- **Verstehen Sie Ihre Zielgruppe:** Eine erfolgreiche Automatisierung erfordert ein tiefes Verständnis Ihrer Zielgruppe, ihrer Bedürfnisse und ihres Kaufverhaltens.
- **Testen und Optimieren:** Testen Sie verschiedene Automatisierungsabläufe und Nachrichten, um herauszufinden, was am besten funktioniert, und optimieren Sie Ihre Kampagnen entsprechend.
- **Datenschutz beachten:** Stellen Sie sicher, dass Sie die Datenschutzbestimmungen und Vorschriften einhalten, insbesondere in Bezug auf die Erfassung und Verwendung von Kundendaten.

Beispiele aus der Praxis: Wie Kleinunternehmen von Marketing-Automatisierung profitieren können.

Stellen Sie sich vor, Sie betreiben ein kleines Online-Bekleidungsgeschäft. Hier sind einige Möglichkeiten, wie Sie Marketing-Automatisierung nutzen könnten:

- **Willkommens-E-Mail:** Wenn sich ein Kunde anmeldet, senden Sie automatisch eine Willkommens-E-Mail mit einem Rabattcode für den ersten Einkauf.
- **Verlassene Warenkörbe:** Wenn ein Kunde Produkte in den Warenkorb legt, aber den Kauf nicht abschließt, senden Sie automatisch eine Erinnerungs-E-Mail mit den ausgewählten Artikeln und einem Anreiz zur Rückkehr.
- **Kundengewinnung:** Wenn ein Kunde einen Kauf tätigt, senden Sie automatisch eine Dankes-E-Mail und bieten Sie eine Empfehlung für ähnliche Produkte an.
- **Geburtstagsangebote:** Senden Sie automatisch eine Geburtstags-E-Mail mit einem exklusiven Geburtstagsrabatt an Ihre Kunden.
  Die Marketing-Automatisierung bietet Kleinunternehmen die Möglichkeit, effizienter zu arbeiten, die Kundenbindung zu verbessern und den Umsatz zu steigern. Es ist eine Investition in die Zukunft Ihres Unternehmens, die sich auszahlen kann. Bleiben Sie dran, denn Ihre Reise zum Bestseller geht weiter, und wir sind hier, um Sie auf jedem Schritt zu unterstützen!

Kapitel 7: Bezahlte Werbung und PPC (Pay-Per-Click): Der Schlüssel zur gezielten Kundenakquise

Herzlich willkommen zu einem weiteren spannenden Kapitel unseres Bestseller-eBooks! Dieses Kapitel wird Ihnen die aufregende Welt der bezahlten Werbung und Pay-Per-Click (PPC) näher bringen. Mit PPC-Werbung können Sie Ihre Zielgruppe gezielt ansprechen, sofortige Ergebnisse erzielen und Ihr Kleinunternehmen auf die Karte setzen. In diesem Abschnitt werden wir die folgenden Themen im Detail behandeln:

1. **Was ist bezahlte Werbung und PPC und warum sind sie wichtig?**
2. **Die beliebtesten Plattformen für bezahlte Werbung und PPC.**
3. **Schlüsselstrategien für eine erfolgreiche PPC-Kampagne.**
4. **Budgetierung und Gebotsstrategien für PPC.**
5. **Fallstudien und Praxisbeispiele: Wie Kleinunternehmen von bezahlter Werbung profitieren können.**

Was ist bezahlte Werbung und PPC und warum sind sie wichtig?

Bezahlte Werbung und PPC sind Online-Werbeformen, bei denen Werbetreibende für Klicks auf ihre Anzeigen bezahlen. Im Gegensatz zu traditioneller Werbung können Sie hiermit genau festlegen, wer Ihre Anzeigen sieht, wann sie angezeigt werden und wie viel Sie pro Klick bezahlen möchten. Warum ist das wichtig? Hier sind einige Gründe:

- **Präzise Zielgruppenansprache:** Sie können Ihre Anzeigen nur den Personen anzeigen, die am wahrscheinlichsten an Ihren Produkten oder Dienstleistungen interessiert sind.
- **Sofortige Ergebnisse:** Mit bezahlter Werbung können Sie sofortige Ergebnisse erzielen und Ihren Umsatz steigern.
- **Messbarkeit:** Sie können den Erfolg Ihrer Kampagnen genau verfolgen und Ihre Budgets entsprechend anpassen.

Die beliebtesten Plattformen für bezahlte Werbung und PPC.

Es gibt eine Vielzahl von Plattformen für bezahlte Werbung und PPC, darunter:

- **Google Ads:** Die größte PPC-Plattform mit Anzeigen, die in den Suchergebnissen von Google und auf Websites im Google Display-Netzwerk angezeigt werden.
- **Facebook Ads:** Ideal für die Ansprache einer breiten Zielgruppe basierend auf demografischen Merkmalen, Interessen und Verhalten.
- **Instagram Ads:** Eine Tochtergesellschaft von Facebook, die sich auf visuelle Anzeigen und eine jüngere Zielgruppe konzentriert.
- **LinkedIn Ads:** Geeignet für B2B-Marketing, um Geschäftsleute und Fachleute zu erreichen.
- **Amazon Advertising:** Perfekt für E-Commerce-Unternehmen, die Produkte auf Amazon bewerben möchten.

Schlüsselstrategien für eine erfolgreiche PPC-Kampagne.

Eine erfolgreiche PPC-Kampagne erfordert eine kluge Strategie und kontinuierliche Optimierung. Hier sind einige wichtige Strategien:

- **Keyword-Recherche:** Identifizieren Sie die relevantesten Keywords, die Ihre Zielgruppe verwendet, und richten Sie Ihre Anzeigen danach aus.
- **Zielgruppenausrichtung:** Verwenden Sie gezielte Zielgruppenausrichtung, um sicherzustellen, dass Ihre Anzeigen den richtigen Personen angezeigt werden.
- **Qualitätsbewertung:** Achten Sie auf hohe Qualitätsbewertungen, um Ihre Anzeigenposition zu verbessern und weniger pro Klick zu zahlen.
- **A/B-Testing:** Testen Sie verschiedene Anzeigenkreationen, Überschriften und Call-to-Action-Elemente, um herauszufinden, was am besten funktioniert.

Budgetierung und Gebotsstrategien für PPC.

Die richtige Budgetierung und Gebotsstrategie ist entscheidend für den Erfolg Ihrer PPC-Kampagne. Sie sollten sicherstellen, dass Sie Ihr Budget effizient nutzen und den besten Wert pro Klick erhalten. Hier sind einige Gebotsstrategien:

- **CPC (Cost per Click):** Zahlen Sie pro Klick auf Ihre Anzeige. Dies ist die gebräuchlichste Gebotsstrategie.
- **CPM (Cost per Mille):** Zahlen Sie pro tausend Anzeigenimpressionen. Geeignet für Markenbekanntheit und Reichweite.
- **CPA (Cost per Acquisition):** Zahlen Sie nur, wenn eine Conversion erzielt wird, z. B. ein Kauf oder eine Anmeldung.

Fallstudien und Praxisbeispiele: Wie Kleinunternehmen von bezahlter Werbung profitieren können.

Bezahlte Werbung und PPC sind nicht nur für große Unternehmen geeignet. Kleinunternehmen können ebenfalls von diesen Strategien profitieren. Ein lokales Restaurant könnte beispielsweise Google Ads nutzen, um Menschen in der Nähe anzulocken, während ein kleines E-Commerce-Unternehmen Facebook Ads verwendet, um seine Produkte eine breiten Zielgruppe zu präsentieren.

In den kommenden Abschnitten werden wir uns diese Themen im Detail ansehen und Ihnen alles beibringen, was Sie wissen müssen, um effektive PPC-Kampagnen für Ihr Kleinunternehmen zu erstellen. Ihr Weg zum Bestseller geht weiter, und wir sind hier, um Sie auf jedem Schritt zu unterstützen!

Google Ads: Anzeigenschaltung in der Google-Suche

Google Ads ist eine der leistungsstärksten Plattformen für bezahlte Werbung und Pay-Per-Click (PPC), und sie bietet Ihnen die Möglichkeit, Ihre Anzeigen in den Suchergebnissen von Google zu schalten. Dieser Abschnitt wird Ihnen einen umfassenden Einblick in Google Ads geben, wie es funktioniert und wie Sie es nutzen können, um Ihr Kleinunternehmen zum Erfolg zu führen.

Warum Google Ads?

Bevor wir tiefer in die Funktionsweise von Google Ads eintauchen, lassen Sie uns einen Blick auf einige überzeugend Gründe werfen, warum diese Plattform für Ihr Kleinunternehmen von unschätzbarem Wert sein kann:

1. **Hohe Sichtbarkeit:** Google ist die meistgenutzte Suchmaschine weltweit, und durch die Schaltung von Anzeigen in den Suchergebnissen können Sie eine breite Zielgruppe erreichen.
2. **Gezielte Anzeigen:** Sie können Ihre Anzeigen so einstellen, dass sie nur für bestimmte Keywords und Suchanfragen angezeigt werden, was sicherstellt, dass Sie relevante Nutzer erreichen.
3. **Budgetkontrolle:** Sie haben die volle Kontrolle über Ihr Budget und können festlegen, wie viel Sie pro Tag oder pro Kampagne ausgeben möchten.
4. **Messbarkeit:** Google Ads bietet detaillierte Berichterstattung und Analysen, mit denen Sie den Erfolg Ihrer Kampagnen verfolgen und optimieren können.

So funktioniert Google Ads

Google Ads funktioniert auf Grundlage eines Auktionsmodells. Wenn jemand eine Google-Suchanfrage eingibt, durchsucht das System alle Anzeigen von Werbetreibenden, die für diese Keywords geboten haben. Die Anzeigen werden in der Reihenfolge ihrer Gebote und ihrer Qualität (basierend auf der Qualitätsbewertung) angezeigt.

Hier ist eine grundlegende Aufschlüsselung des Google Ads-Auktionsprozesses:

1. **Keyword-Auswahl:** Sie wählen Keywords aus, für die Sie erscheinen möchten. Diese Keywords sollten eng mit Ihrem Unternehmen und Ihren Produkten oder Dienstleistungen zusammenhängen.
2. **Gebotsfestlegung:** Sie legen ein Gebot fest, wie viel Sie bereit sind, pro Klick auf Ihre Anzeige zu zahlen. Dieses Gebot kann je nach Keyword variieren.
3. **Anzeigenkreation:** Sie erstellen ansprechende Anzeigen, die die Aufmerksamkeit der Nutzer auf sich ziehen und sie zur Interaktion anregen.
4. **Qualitätsbewertung:** Google bewertet die Qualität Ihrer Anzeigen und Landingpages. Je besser die Qualität, desto besser ist Ihre Anzeigenposition und Sie zahlen möglicherweise weniger pro Klick.
5. **Anzeigenschaltung:** Wenn jemand eine Suchanfrage eingibt, die mit Ihren Keywords übereinstimmt, tritt Ihre Anzeige in die Auktion ein. Wenn Ihre Anzeige als Gewinner ausgewählt wird, wird sie in den Suchergebnissen angezeigt.

Beispiele aus der Praxis

Um dies konkret darzustellen, lassen Sie uns zwei Beispiele aus der Praxis betrachten:

Beispiel 1: Lokales Restaurant

Ein kleines Restaurant in Berlin möchte mehr Kunden anziehen. Sie könnten Google Ads nutzen, um Anzeigen zu schalten, wenn Nutzer in Berlin nach Begriffen wie "italienisches Restaurant in Berlin" oder "Abendessen in der Nähe" suchen. Durch die gezielte Ausrichtung auf Keywords und Standort können sie sicherstellen, dass ihre Anzeigen nur für potenzielle Kunden in ihrer Nähe angezeigt werden.

Beispiel 2: Online-Handel mit handgefertigten Schmuckstücken

Ein Kleinunternehmen, das handgefertigten Schmuck verkauft, kann Google Ads verwenden, um seine Produkte in den Suchergebnissen zu präsentieren, wenn Nutzer nach Begriffen wie "handgemachter Silberschmuck" oder "einzigartige Halsketten" suchen. Indem sie die richtigen Keywords auswählen und ansprechende Anzeigen erstellen, können sie qualifizierten Traffic auf ihre Website lenken und den Umsatz steigern.

Google Ads bietet eine leistungsstarke Möglichkeit, Ihre Online-Präsenz zu steigern, mehr Kunden zu gewinnen und Ihr Kleinunternehmen auszubauen. In den kommenden Abschnitten werden wir uns tiefer in die Welt von Google Ads begeben und Ihnen die besten Strategien und Praktiken für erfolgreiche Kampagnen näher bringen. Ihr Weg zum Bestseller geht weiter, und wir sind hier, um Sie auf jedem Schritt zu unterstützen!

Social Media-Anzeigen: Targeting und Kampagnenstrategien

Social Media-Plattformen wie Facebook, Instagram, Twitter und LinkedIn bieten eine Fülle von Möglichkeiten für Werbetreibende, um ihre Zielgruppen zu erreichen. In diesem Abschnitt werden wir uns ausführlich mit Social Media-Anzeigen befassen, wie sie funktionieren und wie Sie sie nutzen können, um Ihr Kleinunternehmen erfolgreich zu bewerben.

Warum Social Media-Anzeigen?

Bevor wir in die Details einsteigen, werfen wir einen Blick auf die überzeugenden Gründe, warum Social Media-Anzeigen für Ihr Kleinunternehmen von unschätzbarem Wert sein können:

1. **Umfassende Zielgruppenansprache:** Social Media-Plattformen verfügen über eine Fülle von Benutzerdaten, die es Ihnen ermöglichen, Ihre Anzeigen genau auf Ihre Zielgruppe abzustimmen. Sie können nach demografischen Merkmalen, Interessen, Verhalten und mehr targetieren.
2. **Visuelle Anzeigen:** Auf Social Media können Sie ansprechende, visuelle Anzeigen schalten, die die Aufmerksamkeit der Nutzer auf sich ziehen und Ihre Botschaft effektiv vermitteln.
3. **Interaktionsmöglichkeiten:** Nutzer können direkt auf Ihre Anzeigen reagieren, indem sie "Gefällt mir" klicken, kommentieren oder auf den Link klicken, um mehr zu erfahren oder zu kaufen.
4. **Messbarkeit:** Sie können den Erfolg Ihrer Social Media-Kampagnen genau verfolgen und herausfinden, welche Anzeigen am besten funktionieren.

So funktionieren Social Media-Anzeigen

Der grundlegende Ablauf von Social Media-Anzeigen ist recht einfach zu verstehen. Hier sind die Schritte:

1. **Zielgruppenauswahl:** Sie legen fest, welche Zielgruppen Sie ansprechen möchten. Dies kann auf demografischen Merkmalen wie Alter, Geschlecht und Standort basieren, aber auch auf Interessen und Verhalten.
2. **Anzeigenerstellung:** Sie erstellen ansprechende Anzeigen, die Ihre Botschaft klar und überzeugend vermitteln. Dies kann Text, Bilder, Videos oder eine Kombination davon umfassen.
3. **Budgetierung:** Sie setzen ein Budget fest, das angibt, wie viel Sie für Ihre Kampagne ausgeben möchten. Sie können tägliche oder Gesamtbudgets festlegen.
4. **Laufzeit:** Sie legen fest, wie lange Ihre Kampagne laufen soll.

5. **Anzeigenschaltung:** Ihre Anzeigen werden in den Feeds oder auf den Seiten Ihrer Zielgruppe auf der jeweiligen Social Media-Plattform geschaltet.

Beispiele aus der Praxis

Lassen Sie uns einige praktische Beispiele betrachten, wie Kleinunternehmen Social Media-Anzeigen effektiv nutzen können:

Beispiel 1: Online-Boutique für handgefertigte Kleidung

Eine kleine Online-Boutique, die handgefertigte Kleidung verkauft, könnte Facebook- und Instagram-Anzeigen nutzen, um ihre Produkte einer breiten Zielgruppe von Modeliebhabern zu präsentieren. Sie könnten nach Interessen wie "Mode", "Handgemacht" und "Nachhaltige Kleidung" targetieren und visuell ansprechende Anzeigen mit Bildern ihrer Kollektionen erstellen.

Beispiel 2: Yoga-Studio

Ein Yoga-Studio, das lokale Kunden ansprechen möchte, könnte gezielte Anzeigen auf Facebook schalten. Sie könnten nach demografischen Merkmalen wie Alter und Geschlecht targetieren und Anzeigen mit Angeboten für Neukunden erstellen, um diese zur Anmeldung zu ermutigen.

Beispiel 3: IT-Dienstleister für kleine Unternehmen

Ein IT-Dienstleister, der kleine Unternehmen unterstützt, könnte LinkedIn-Anzeigen verwenden, um gezielt Geschäftsinhaber und IT-Entscheidungsträger anzusprechen. Sie könnten Anzeigen mit Fallstudien über erfolgreiche Kundenprojekte und ihren Expertenstatus in der Branche erstellen.

Social Media-Anzeigen bieten Kleinunternehmen eine effektive Möglichkeit, ihre Zielgruppen zu erreichen, Interaktionen zu fördern und den Umsatz zu steigern. Im nächsten Abschnitt werden wir uns genauer mit den verschiedenen Social Media-Plattformen befassen und Ihnen die besten Strategien für erfolgreiche Kampagnen näherbringen. Ihr Weg zum Bestseller geht weiter, und wir sind hier, um Sie auf jedem Schritt zu unterstützen!

Remarketing: Wie Sie Besucher erneut ansprechen und konvertieren

In diesem spannenden Abschnitt werden wir uns ausführlich mit Remarketing befassen – einer leistungsstarken Strategie im Online-Marketing, die es Ihnen ermöglicht, Besucher Ihrer Website erneut anzusprechen und sie in zahlende Kunden umzuwandeln. Wir werden erläutern, wie Remarketing funktioniert, warum es so effektiv ist, und wie Sie es für Ihr Kleinunternehmen erfolgreich nutzen können.

Warum Remarketing?

Bevor wir in die Details eintauchen, werfen wir einen Blick auf die Gründe, warum Remarketing für Ihr Kleinunternehmen von entscheidender Bedeutung sein kann:

1. **Erinnerung:** Die meisten Besucher verlassen Ihre Website, ohne eine gewünschte Aktion durchzuführen, sei es ein Kauf, eine Anmeldung oder eine Anfrage. Remarketing ermöglicht es Ihnen, diese Besucher an Ihre Marke und Ihr Angebot zu erinnern.
2. **Gezielte Ansprache:** Remarketing ermöglicht es Ihnen, spezifische Zielgruppen anzusprechen, basierend auf ihrem Verhalten auf Ihrer Website. Sie können Anzeigen gezielt an Personen schalten, die bestimmte Seiten besucht haben oder Produkte angesehen haben.
3. **Höhere Konversionsraten:** Durch das erneute Ansprechen von Besuchern, die bereits Interesse gezeigt haben, können Sie höhere Konversionsraten erzielen. Diese Besucher sind oft besser qualifiziert und bereit, eine Aktion durchzuführen.

Wie funktioniert Remarketing?

Remarketing basiert auf dem Tracking des Verhaltens von Website-Besuchern mithilfe von Cookies und der Anzeige gezielter Anzeigen, wenn diese Besucher andere Websites oder Plattformen besuchen. Hier ist eine grundlegende Aufschlüsselung des Remarketing-Prozesses:

1. **Tracking-Code:** Sie fügen einen Tracking-Code auf Ihrer Website hinzu, der das Verhalten der Besucher erfasst, z. B. welche Seiten sie besuchen und welche Produkte sie anzeigen.
2. **Zielgruppenerstellung:** Basierend auf den erfassten Daten erstellen Sie Zielgruppen, die bestimmte Verhaltensweisen aufweisen. Zum Beispiel könnten Sie eine Zielgruppe erstellen, die alle Besucher enthält, die Ihre Produktseite angesehen haben.
3. **Anzeigenerstellung:** Sie erstellen ansprechende Anzeigen, die diese Zielgruppen erneut ansprechen. Diese Anzeigen können in verschiedenen Formaten sein, einschließlich Display-Anzeigen, Textanzeigen und sogar Videoanzeigen.
4. **Anzeigenschaltung:** Ihre Anzeigen werden auf anderen Websites und Plattformen geschaltet, die Teil des Werbenetzwerks sind. Wenn Besucher aus Ihrer Zielgruppe diese Websites besuchen, sehen sie Ihre Remarketing-Anzeigen.

Praxisbeispiele

Hier sind einige Beispiele, wie Kleinunternehmen Remarketing erfolgreich nutzen können:

Beispiel 1: Online-Einzelhändler

Ein kleiner Online-Einzelhändler, der Sportbekleidung verkauft, könnte Remarketing nutzen, um Besucher anzusprechen, die Produkte angesehen, aber den Kauf abgebrochen haben. Durch das erneute Ansprechen dieser Besucher mit speziellen Angeboten oder Rabatten können sie die Wahrscheinlichkeit eines Kaufs erhöhen.

Beispiel 2: Immobilienmakler

Ein Immobilienmakler, der potenzielle Käufer auf seiner Website hatte, könnte Remarketing verwenden, um diese Besucher mit Anzeigen für neue Immobilienangebote zu erreichen. Dies könnte dazu beitragen, das Interesse der Besucher aufrechtzuerhalten und sie zur Kontaktaufnahme zu ermutigen.

Beispiel 3: Restaurant

Ein Restaurant könnte Remarketing nutzen, um Besucher anzusprechen, die ihre Website besucht, aber keine Reservierung vorgenommen haben. Durch das erneute Ansprechen dieser Besucher mit einer Anzeige, die auf die kulinarischen Highlights des Restaurants hinweist, können sie die Wahrscheinlichkeit erhöhen, dass diese Besucher einen Tisch reservieren.

Remarketing ist eine äußerst effektive Strategie, um Besucher erneut anzusprechen und sie in zahlende Kunden umzuwandeln. Im nächsten Abschnitt werden wir verschiedene Plattformen und Tools für Remarketing erkunden und Ihnen die besten Praktiken für eine erfolgreiche Remarketing-Kampagne näherbringen. Ihr Weg zum Bestseller geht weiter, und wir sind hier, um Sie auf jedem Schritt zu unterstützen!

Kapitel 8: Webanalyse und Erfolgsmessung

Herzlich willkommen zum achten Kapitel unseres Bestseller-eBooks über Digitales Marketing für Kleinunternehmen! In diesem spannenden Abschnitt werden wir die Welt der Webanalyse und Erfolgsmessung erkunden. Wir werden Ihnen erklären, warum die Fähigkeit, die Leistung Ihrer digitalen Marketingbemühungen zu messen und zu verstehen, von entscheidender Bedeutung ist, und wie Sie dies erfolgreich umsetzen können.

Warum ist Webanalyse wichtig?

Bevor wir in die Einzelheiten eintauchen, lassen Sie uns einen Blick auf die Gründe werfen, warum Webanalyse für Ihr Kleinunternehmen so entscheidend ist:

1. **Informierte Entscheidungen:** Webanalyse liefert Ihnen wertvolle Einblicke in das Verhalten Ihrer Website-Besucher und Kunden. Dadurch können Sie fundierte Entscheidungen darüber treffen, welche Marketingstrategien effektiv sind und welche optimiert werden müssen.
2. **Optimierung der Benutzererfahrung:** Sie können durch die Analyse des Nutzerverhaltens auf Ihrer Website Verbesserungen vornehmen, um die Benutzererfahrung zu optimieren. Dies kann zu höheren Konversionsraten und zufriedeneren Kunden führen.
3. **Budgetallokation:** Mit Webanalyse können Sie feststellen, welche Marketingkanäle den besten ROI bieten. Dies ermöglicht es Ihnen, Ihr Budget effizienter zuzuweisen und bessere Ergebnisse zu erzielen.
4. **Erfolgsmessung:** Sie können den Erfolg Ihrer digitalen Marketingkampagnen genau messen und nachverfolgen, ob Sie Ihre Ziele erreichen oder nicht.

Wie funktioniert Webanalyse?

Webanalyse beinhaltet die Sammlung, Analyse und Interpretation von Daten, die auf Ihrer Website und in Ihren digitalen Marketingbemühungen generiert werden. Hier ist eine grundlegende Aufschlüsselung des Webanalyseprozesses:

1. **Daten sammeln:** Mithilfe von Tools wie Google Analytics oder anderen Webanalyseplattformen werden Daten über das Verhalten der Website-Besucher erfasst. Dies kann Informationen über Seitenaufrufe, Verweildauer, Conversion-Raten und vieles mehr umfassen.
2. **Daten analysieren:** Die gesammelten Daten werden analysiert, um Muster und Trends zu identifizieren. Zum Beispiel können Sie feststellen, welche Seiten die meisten Besucher anziehen oder wo die meisten Abbrüche im Kaufprozess auftreten.
3. **Berichterstattung:** Die Ergebnisse der Analyse werden in Berichten zusammengefasst, die leicht verständlich sind. Diese Berichte bieten Einblicke in die Leistung Ihrer Website und Ihrer Marketingkampagnen.
4. **Optimierung:** Aufgrund der gewonnenen Erkenntnisse können Sie Optimierungen an Ihrer Website und Ihren Marketingstrategien vornehmen, um bessere Ergebnisse zu erzielen.

Praxisbeispiele

Lassen Sie uns einige praktische Beispiele betrachten, wie Kleinunternehmen Webanalyse nutzen können:

Beispiel 1: Online-Shop für Kunsthandwerk

Ein kleiner Online-Shop, der handgefertigtes Kunsthandwerk verkauft, verwendet Webanalyse, um festzustellen, dass viele Besucher ihre Website auf der Produktseite verlassen, ohne einen Kauf zu tätigen. Durch die Analyse dieses Verhaltens können sie die Produktseite optimieren, um mehr Conversions zu erzielen.

Beispiel 2: Reisebüro

Ein Reisebüro, das über verschiedene Online-Marketingkanäle Kunden gewinnt, verwendet Webanalyse, um festzustellen, dass die meisten Buchungen von Besuchern kommen, die über Google Ads auf die Website gelangen. Dies ermöglicht es dem Unternehmen, sein Budget auf diese lukrative Quelle zu konzentrieren.

Beispiel 3: Immobilienmakler

Ein Immobilienmakler verwendet Webanalyse, um festzustellen, dass die meisten Besucher seiner Website nach bestimmten Stadtteilen suchen. Aufgrund dieser Erkenntnis erstellt er gezielte Inhalte und Landingpages für diese Stadtteile, um das Interesse der Besucher zu maximieren.

In den kommenden Abschnitten werden wir uns genauer mit den Tools und Techniken der Webanalyse befassen und Ihnen zeigen, wie Sie die gewonnenen Erkenntnisse in Ihrem digitalen Marketing nutzen können. Ihr Weg zum Bestseller geht weiter, und wir sind hier, um Sie auf jedem Schritt zu unterstützen!

Die Bedeutung von Daten und Analytik im digitalen Marketing

Herzlich willkommen in einem der fesselndsten Kapitel unseres Bestseller-eBooks über Digitales Marketing für Kleinunternehmen! In diesem Abschnitt tauchen wir tief in die faszinierende Welt der Daten und Analytik ein und enthüllen, warum diese beiden Aspekte für den Erfolg Ihrer digitalen Marketingbemühungen von entscheidender Bedeutung sind.

Der Datenschatz: Ihre Erfolgsquelle

Daten sind der Rohstoff, aus dem digitale Marketingstrategien geschmiedet werden. Denken Sie an Daten als den Schatz, den Sie in den Tiefen des Ozeans des Internets heben können, um Ihre Ziele zu erreichen. Aber warum sind Daten so wichtig? Hier sind einige überzeugende Gründe:

1. **Kundenerkenntnisse:** Daten ermöglichen es Ihnen, Ihre Zielgruppe in- und auswendig zu kennen. Sie erfahren, wer sie sind, woher sie kommen, welche Interessen sie haben und wie sie sich online verhalten.
2. **Messbarkeit:** Mit Daten können Sie den Erfolg (oder Misserfolg) Ihrer Marketingbemühungen genau messen. Sie sind der Kompass, der Ihnen sagt, ob Sie auf dem richtigen Kurs sind.
3. **Optimierung:** Daten sind der Schlüssel zur kontinuierlichen Verbesserung. Sie können Ihre Strategien und Taktiken basierend auf den gesammelten Erkenntnissen optimieren und somit bessere Ergebnisse erzielen.
4. **Personalisierung:** Mit Daten können Sie personalisierte Marketingbotschaften erstellen, die genau auf die Bedürfnisse und Vorlieben Ihrer Zielgruppe zugeschnitten sind.
5. **Wettbewerbsvorteil:** Unternehmen, die Daten intelligent nutzen, haben einen Wettbewerbsvorteil. Sie können fundierte Entscheidungen treffen und sich schnell an Veränderungen anpassen.

Praxisbeispiele

Lassen Sie uns anhand von Beispielen aus der Praxis sehen, wie Daten und Analytik in kleinen Unternehmen tatsächlich eingesetzt werden können:

Beispiel 1: Online-Buchhandlung

Eine kleine Online-Buchhandlung verwendet Datenanalyse, um festzustellen, dass die meisten Kunden nach Science-Fiction-Büchern suchen. Basierend auf dieser Erkenntnis entscheiden sie sich, ihr Sortiment in diesem Genre zu erweitern und spezielle Empfehlungen für Science-Fiction-Fans zu erstellen.

Beispiel 2: Restaurant

Ein kleines Restaurant sammelt Daten über die Reservierungen und den Durchschnittsbon seiner Gäste. Durch die Analyse dieser Daten erfahren sie, dass ihre besten Kunden regelmäßig freitags und samstags zu Abend essen. Daraufhin erstellen sie spezielle Wochenendangebote, um mehr Gäste anzulocken.

Beispiel 3: IT-Dienstleister

Ein IT-Dienstleister verwendet Datenanalysen, um festzustellen, dass die meisten Anfragen von kleinen Unternehmen aus der Umgebung stammen. Sie passen ihre Marketingstrategie an, um gezielt lokale Unternehmen anzusprechen und ihre Dienstleistungen besser auf deren Bedürfnisse abzustimmen.

Daten und Analytik sind die Schlüssel zu einem erfolgreichen digitalen Marketing. In den nächsten Abschnitten werden wir Ihnen zeigen, wie Sie Daten sammeln, analysieren und in Ihrem Marketing einsetzen können, um Ihr

Kleinunternehmen auf die nächste Stufe zu heben. Ihr Weg zum Bestseller geht weiter, und wir sind hier, um Sie auf jedem Schritt zu unterstützen!

Die Verwendung von Google Analytics zur Erfolgsmessung

Willkommen zu einem der entscheidendsten Abschnitte unseres Bestseller-eBooks über Digitales Marketing für Kleinunternehmen! Hier werden wir tief in die faszinierende Welt von Google Analytics eintauchen und enthüllen, wie Sie dieses leistungsstarke Tool nutzen können, um den Erfolg Ihrer digitalen Marketingbemühungen zu messen, zu analysieren und zu optimieren. Wir versprechen Ihnen nicht weniger als eine spannende und aufschlussreiche Reise!

Google Analytics: Ihr Treibstoff für datenbasierte Entscheidungen

Google Analytics ist eine Schatztruhe voller Informationen über das Verhalten Ihrer Website-Besucher. Es ist ein mächtiges Werkzeug, das es Ihnen ermöglicht, in die Köpfe Ihrer Kunden zu schauen, ihre Handlungen zu verstehen und Ihren digitalen Auftritt kontinuierlich zu verbessern. Warum ist Google Analytics so wertvoll? Hier sind einige Gründe:

1. **Tiefe Einblicke:** Google Analytics liefert Ihnen umfangreiche Informationen über Ihre Besucher, einschließlich demografischer Daten, Standortdaten, Interessen und mehr. Sie erfahren, wer Ihre Zielgruppe wirklich ist.
2. **Verhaltensanalyse:** Sie können das Verhalten der Besucher auf Ihrer Website bis ins kleinste Detail verfolgen. Welche Seiten besuchen sie? Wie lange verweilen sie dort? Welche Aktionen führen sie aus?
3. **Conversion-Tracking:** Google Analytics ermöglicht es Ihnen, Conversions zu verfolgen, sei es ein Kauf, eine Anmeldung, eine Kontaktanfrage oder jede andere gewünschte Aktion. Sie wissen genau, welche Marketingbemühungen funktionieren und welche nicht.
4. **Benutzerdefinierte Berichte:** Sie können benutzerdefinierte Berichte erstellen, um die Daten zu visualisieren, die für Ihr Unternehmen am relevantesten sind. So behalten Sie den Überblick über die Kennzahlen, die Ihnen wichtig sind.
5. **Kostenlose Nutzung:** Das Beste daran? Google Analytics ist kostenlos! Es steht jedem Kleinunternehmen zur Verfügung, um datenbasierte Entscheidungen zu treffen.

Praxisbeispiele

Lassen Sie uns anhand von konkreten Beispielen sehen, wie Kleinunternehmen Google Analytics effektiv nutzen können:

Beispiel 1: Online-Modeboutique

Eine kleine Online-Modeboutique verwendet Google Analytics, um herauszufinden, dass die meisten ihrer Kunden aus urbanen Gebieten stammen. Basierend auf dieser Erkenntnis konzentrieren sie ihre Werbung verstärkt auf städtische Zielgruppen und passen ihre Produktlinie entsprechend an.

Beispiel 2: Webdesign-Agentur

Eine Webdesign-Agentur verwendet Google Analytics, um festzustellen, dass die meisten Anfragen von Besuchern kommen, die ihre Portfolio-Seite besuchen. Sie beschließen, diese Seite zu optimieren und neue Fallstudien hinzuzufügen, um potenzielle Kunden noch besser anzusprechen.

Beispiel 3: Café und Bäckerei

Ein Café und eine Bäckerei nutzen Google Analytics, um festzustellen, dass die meisten Besucher ihrer Website über mobile Geräte auf die Seite zugreifen. Sie optimieren ihre Website für mobile Nutzer und bieten spezielle Gutscheine für Online-Bestellungen an, um die Konversionsraten zu steigern.

Die Möglichkeiten mit Google Analytics sind nahezu unbegrenzt, und die Erkenntnisse, die Sie daraus gewinnen, können Ihr Unternehmen in neue Höhen führen. In den nächsten Abschnitten werden wir die Grundlagen der Verwendung von Google Analytics erläutern, von der Einrichtung Ihres Kontos bis zur Interpretation der Daten. Ihr Weg zum Bestseller geht weiter, und wir sind hier, um Sie auf jedem Schritt zu unterstützen!

KPIs (Key Performance Indicators) und die Interpretation von Daten

Willkommen zu einem der spannendsten Kapitel unseres Bestseller-eBooks über Digitales Marketing für Kleinunternehmen! In diesem Abschnitt werden wir in die faszinierende Welt der KPIs eintauchen und Ihnen zeigen, wie Sie diese wichtigen Kennzahlen nutzen können, um den Erfolg Ihrer digitalen Marketingbemühungen zu messen, zu bewerten und zu optimieren. Bereiten Sie sich auf eine aufschlussreiche Reise vor!

Warum sind KPIs wichtig?

Key Performance Indicators (KPIs) sind wie der Kompass auf Ihrer digitalen Marketingreise. Sie zeigen Ihnen, ob Sie sich in die richtige Richtung bewegen oder vom Kurs abgekommen sind. Hier sind einige Gründe, warum KPIs von entscheidender Bedeutung sind:

1. **Messen des Fortschritts:** KPIs ermöglichen es Ihnen, den Fortschritt Ihrer Marketingziele zu messen. Sie wissen genau, ob Sie auf dem Weg sind, Ihre Ziele zu erreichen oder ob Anpassungen erforderlich sind.
2. **Informierte Entscheidungen:** Mit KPIs können Sie fundierte Entscheidungen treffen. Wenn Sie wissen, welche Aspekte Ihrer Kampagnen gut funktionieren und welche nicht, können Sie Ihr Budget und Ihre Ressourcen effektiver einsetzen.
3. **Motivation und Fokus:** KPIs helfen Ihrem Team, fokussiert zu bleiben und sich auf die wichtigsten Ziele zu konzentrieren. Sie dienen als Ansporn, da sie den Fortschritt sichtbar machen.
4. **Benchmarking:** Durch den Vergleich Ihrer KPIs mit denen Ihrer Branche oder Konkurrenz können Sie feststellen, wie Sie im Vergleich zu anderen Unternehmen abschneiden.
5. **Echtzeit-Optimierung:** KPIs bieten Echtzeitdaten, mit denen Sie sofortige Anpassungen an Ihren Marketingstrategien vornehmen können, um bessere Ergebnisse zu erzielen.

Beispiele für KPIs

Lassen Sie uns einige Beispiele für KPIs betrachten, die in Kleinunternehmen relevant sein könnten:

1. **Conversion Rate:** Dies ist die Prozentzahl der Besucher Ihrer Website, die eine gewünschte Aktion ausführen, wie beispielsweise einen Kauf tätigen oder sich für Ihren Newsletter anmelden.
2. **Traffic-Quellen:** Zeigt, woher Ihre Website-Besucher kommen, ob von organischer Suche, sozialen Medien, bezahlter Werbung oder anderen Quellen.
3. **Durchschnittlicher Warenkorbwert:** Der durchschnittliche Betrag, den ein Kunde bei einem Einkauf auf Ihrer Website ausgibt.
4. **Absprungrate:** Der Prozentsatz der Besucher, die Ihre Website nach dem Besuch einer einzigen Seite verlassen, ohne weitere Aktionen auszuführen.
5. **ROI (Return on Investment):** Das Verhältnis zwischen dem Gewinn, den Sie aus Ihrer Marketinginvestition erzielen, und den Kosten für die Marketingaktivitäten.

Praxisbeispiele

Nun, lassen Sie uns diese theoretischen Konzepte mit einigen praktischen Beispielen für Kleinunternehmen beleuchten:

Beispiel 1: Online-Möbelgeschäft

Ein Online-Möbelgeschäft verfolgt seine Conversion Rate und stellt fest, dass sie in den letzten Monaten gesunken ist. Nach einer eingehenden Analyse stellen sie fest, dass die Produktbeschreibungen auf ihrer Website veraltet sind. Sie optimieren die Beschreibungen, und die Conversion Rate steigt wieder an.

Beispiel 2: Fotostudio

Ein Fotostudio verfolgt seine Traffic-Quellen und erkennt, dass die meisten Kunden über soziale Medien auf ihre Website gelangen. Sie beschließen, ihre Social-Media-Marketingbemühungen zu verstärken und erreichen dadurch eine Steigerung ihres Traffics und ihrer Conversions.

Beispiel 3: Café und Bäckerei

Ein Café und eine Bäckerei verfolgen den durchschnittlichen Warenkorbwert und stellen fest, dass Kunden, die Kaffee und Kuchen zusammen kaufen, einen höheren Wert erzielen. Sie starten eine Sonderaktion für Kombiangebote und erhöhen so ihren Umsatz.

In den kommenden Abschnitten werden wir die wichtigsten KPIs genauer erläutern und Ihnen zeigen, wie Sie sie in Ihrem digitalen Marketing erfolgreich nutzen können. Ihr Weg zum Bestseller geht weiter, und wir sind hier, um Sie auf jedem Schritt zu unterstützen!

Kapitel 9: Mobile Marketing und App-Marketing - Ihre Erfolgsstrategien für die mobile Ära

Willkommen zu einem der aufregendsten Kapitel unseres Bestseller-eBooks über Digitales Marketing für Kleinunternehmen! In diesem Abschnitt werden wir in die dynamische Welt des Mobile Marketings und App-Marketings eintauchen. Wir zeigen Ihnen, wie Sie die ständig wachsende Anzahl mobiler Nutzer effektiv ansprechen können, um Ihr Kleinunternehmen auf neue Höhen zu führen. Machen Sie sich bereit für eine spannende Reise!

Die mobile Revolution

Die Art und Weise, wie Menschen online gehen und Informationen abrufen, hat sich in den letzten Jahren dramatisch verändert. Smartphones und Tablets sind zu unseren ständigen Begleitern geworden, und dies hat eine neue Ära des Marketings eingeläutet - das Mobile Marketing.

Warum ist Mobile Marketing entscheidend?

Mobile Marketing ist entscheidend, weil es Ihre Zielgruppe dort erreicht, wo sie ist - auf ihren Mobilgeräten. Hier sind einige überzeugende Gründe, warum Sie sich auf Mobile Marketing konzentrieren sollten:

1. **Wachsende mobile Nutzung:** Die Anzahl der mobilen Internetnutzer steigt rasant an. Die meisten Menschen nutzen ihre Smartphones, um online zu gehen und nach Informationen zu suchen.
2. **Ortsbezogenes Marketing:** Mobilgeräte ermöglichen es Ihnen, Nutzer basierend auf ihrem Standort gezielt anzusprechen. Dies ist besonders vorteilhaft für lokale Unternehmen.
3. **Apps sind im Trend:** Mobile Apps sind beliebter denn je. Eine gut gestaltete App kann die Bindung zu Ihren Kunden stärken und zusätzliche Umsatzmöglichkeiten eröffnen.
4. **Sofortige Erreichbarkeit:** Durch Mobile Marketing können Sie Kunden sofort erreichen und auf relevante Angebote oder Informationen aufmerksam machen.

Mobile Marketing-Strategien für Kleinunternehmen

In diesem Kapitel werden wir Sie durch die Welt des Mobile Marketings führen und Ihnen zeigen, wie Sie Ihre mobile Präsenz aufbauen und optimieren können. Wir werden auf Themen wie mobile Websites, App-Entwicklung, Push-Benachrichtigungen, Mobile SEO und vieles mehr eingehen. Unsere Zielsetzung ist es, Ihnen klare und praktische Anleitungen zu bieten, wie Sie das Beste aus dem Mobile Marketing herausholen können.

Warum ist App-Marketing wichtig?

Apps sind ein integraler Bestandteil des Mobile Marketings, und ihre Bedeutung wächst ständig. In diesem Kapitel werden wir auch darüber sprechen, wie Sie eine App für Ihr Kleinunternehmen entwickeln und erfolgreich vermarkten können. Eine gut gestaltete App kann die Kundenbindung stärken, das Markenimage verbessern und zusätzliche Umsatzmöglichkeiten schaffen.

Bereiten Sie sich darauf vor, die aufregende Welt des Mobile Marketings und App-Marketings zu erkunden. Wir sind hier, um Sie auf Ihrer Reise zu unterstützen, damit Ihr Kleinunternehmen in der mobilen Ära erfolgreich wachsen kann. Ihr Weg zum Bestseller geht weiter, und wir sind hier, um Sie auf jedem Schritt zu begleiten!

Mobile Optimierung Ihrer Website und mobiler Content

Willkommen zu einem der spannendsten Abschnitte unseres Bestseller-eBooks über Digitales Marketing für Kleinunternehmen! In diesem Kapitel werden wir die Bedeutung der mobilen Optimierung Ihrer Website und die Erstellung von mobilem Content erkunden. Es ist an der Zeit, Ihre Website für die mobile Ära zu rüsten und sicherzustellen, dass Sie die wachsende Zahl mobiler Nutzer effektiv ansprechen können. Machen Sie sich bereit für eine aufschlussreiche Reise!

Warum ist Mobile Optimierung entscheidend?

Mobile Optimierung ist entscheidend, weil immer mehr Menschen ihre Smartphones und Tablets verwenden, um auf das Internet zuzugreifen. Wenn Ihre Website nicht für mobile Geräte optimiert ist, riskieren Sie es, potenzielle Kunden zu verlieren. Hier sind einige überzeugende Gründe, warum Mobile Optimierung von größter Bedeutung ist:

1. **Steigende mobile Nutzung:** Die Anzahl der mobilen Internetnutzer wächst stetig. Menschen verwenden ihre Mobilgeräte, um online einzukaufen, nach Informationen zu suchen und soziale Medien zu nutzen.
2. **Suchmaschinenoptimierung (Mobile SEO):** Suchmaschinen wie Google bevorzugen mobile-optimierte Websites. Eine mobile Optimierung verbessert Ihre Sichtbarkeit in den Suchergebnissen.
3. **Benutzererfahrung:** Eine gut gestaltete mobile Website bietet eine bessere Benutzererfahrung, was zu höheren Konversionsraten und zufriedeneren Kunden führt.
4. **Lokales Marketing:** Wenn Ihr Unternehmen lokal tätig ist, ist die mobile Optimierung entscheidend, da viele Nutzer Mobilgeräte verwenden, um nach lokalen Dienstleistungen und Geschäften zu suchen.

Beispiele für Mobile Optimierung

Lassen Sie uns einige praktische Beispiele betrachten, wie Kleinunternehmen von der Mobile Optimierung profitieren können:

Beispiel 1: Restaurant

Ein kleines Restaurant optimiert seine Website für mobile Geräte, indem es eine benutzerfreundliche mobile Menüansicht erstellt. Kunden können jetzt leicht das Menü anzeigen und Reservierungen über ihre Smartphones vornehmen.

Beispiel 2: Einzelhandelsgeschäft

Ein Einzelhandelsgeschäft implementiert Mobile SEO-Techniken, um in den lokalen Suchergebnissen sichtbarer zu sein. Dadurch erhöht sich die Anzahl der Kunden, die das Geschäft über ihre Mobilgeräte finden.

Beispiel 3: Dienstleistungsanbieter

Ein Dienstleistungsanbieter erstellt mobile Landing Pages für seine Anzeigenkampagnen. Dies führt zu einer besseren Konversionsrate, da mobile Nutzer direkt auf relevante Informationen zugreifen können.

In den kommenden Abschnitten werden wir uns genauer mit den Schritten zur mobilen Optimierung Ihrer Website befassen und Ihnen praktische Ratschläge geben, wie Sie mobile Inhalte erstellen können, die Ihre Zielgruppe ansprechen. Ihre Reise zur mobilen Dominanz geht weiter, und wir sind hier, um Sie auf jedem Schritt zu begleiten!

App-Entwicklung und -Vermarktung für mobile Plattformen

Herzlich willkommen zu einem weiteren faszinierenden Abschnitt unseres Bestseller-eBooks über Digitales Marketing für Kleinunternehmen! In diesem Kapitel werden wir tief in die Welt der App-Entwicklung und -Vermarktung eintauchen und Ihnen zeigen, wie Sie eine mobile App für Ihr Kleinunternehmen entwickeln und erfolgreich vermarkten können. Apps sind zu einem wichtigen Bestandteil des digitalen Marketings geworden und bieten vielfältige Möglichkeiten, um Kunden zu gewinnen und zu binden. Machen Sie sich bereit für eine inspirierende Reise!

Warum sind mobile Apps wichtig?

Mobile Apps haben in den letzten Jahren an Bedeutung gewonnen und sind zu einem entscheidenden Instrument für Unternehmen geworden. Hier sind einige Gründe, warum mobile Apps für Kleinunternehmen von großer Bedeutung sind:

1. **Kundenbindung:** Apps bieten die Möglichkeit, eine engere Bindung zu Ihren Kunden aufzubauen. Sie können personalisierte Inhalte und Angebote bereitstellen, um die Kundenloyalität zu steigern.

2. **Benutzerfreundlichkeit:** Apps bieten in der Regel eine benutzerfreundlichere und schnellere Benutzererfahrung im Vergleich zu mobilen Websites.
3. **Offline-Zugriff:** Mit einer App können Kunden auch offline auf bestimmte Inhalte zugreifen, was besonders nützlich ist, wenn Ihre Dienstleistungen offline verfügbar sind.
4. **Push-Benachrichtigungen:** Apps ermöglichen es Ihnen, gezielte Push-Benachrichtigungen an Nutzer zu senden, um sie über Sonderangebote, Veranstaltungen oder wichtige Nachrichten zu informieren.
5. **Einfacheres Einkaufen:** Wenn Sie Produkte oder Dienstleistungen verkaufen, können Apps den Kaufprozess erheblich vereinfachen und beschleunigen.

Beispiele für App-Entwicklung und -Vermarktung

Lassen Sie uns einige praktische Beispiele betrachten, wie Kleinunternehmen von der Entwicklung und Vermarktung einer mobilen App profitieren können:

Beispiel 1: Friseursalon

Ein örtlicher Friseursalon entwickelt eine mobile App, die es Kunden ermöglicht, Termine online zu buchen. Die App sendet auch Erinnerungen an bevorstehende Termine und bietet exklusive Rabatte für Stammkunden.

Beispiel 2: Café und Bäckerei

Ein Café und eine Bäckerei erstellen eine App, über die Kunden vorab ihre Bestellungen aufgeben können. Die App belohnt treue Kunden mit einem Punktesystem, bei dem sie kostenlose Produkte erhalten.

Beispiel 3: Yogastudio

Ein Yogastudio entwickelt eine App, die Übungen und Anleitungen für zu Hause bietet. Die App bietet auch ein monatliches Abonnement für Live-Online-Kurse.

In den kommenden Abschnitten werden wir uns ausführlich mit den Schritten zur App-Entwicklung befassen, von der Ideenfindung über die Entwicklung bis zur Vermarktung. Wir werden Ihnen auch bewährte Strategien vorstellen, wie Sie Ihre App erfolgreich bekannt machen und Nutzer gewinnen können. Ihre Reise zur mobilen Dominanz setzt sich fort, und wir sind hier, um Sie auf jedem Schritt zu begleiten!

Geolokales Marketing und In-App-Werbung: Ihr Schlüssel zum regionalen Erfolg

Willkommen zu einem weiteren aufregenden Kapitel unseres Bestseller-eBooks über Digitales Marketing für Kleinunternehmen! In diesem Abschnitt werden wir die faszinierende Welt des geolokalen Marketings und der In-App-Werbung erkunden. Diese Strategien sind von entscheidender Bedeutung, um Ihr Kleinunternehmen auf regionaler Ebene zu stärken und gezielte Kunden anzusprechen. Bereiten Sie sich auf eine inspirierende Reise vor, bei der Sie lernen werden, wie Sie Ihren Standort zu Ihrem Vorteil nutzen können!

Warum ist Geolokales Marketing entscheidend?

Geolokales Marketing, auch bekannt als Standortmarketing, konzentriert sich darauf, potenzielle Kunden in Ihrer unmittelbaren Umgebung anzusprechen. Diese Strategie bietet zahlreiche Vorteile:

1. **Zielgenaue Ansprache:** Sie können Ihre Botschaft genau an die Personen senden, die sich in der Nähe Ihres Geschäftsstandorts befinden.
2. **Steigerung der lokalen Sichtbarkeit:** Geolokales Marketing kann dazu beitragen, dass Ihr Kleinunternehmen in den lokalen Suchergebnissen und Kartenanwendungen besser sichtbar ist.
3. **Bessere Kundenbindung:** Sie können Sonderangebote, Rabatte und Veranstaltungen anbieten, um die Kundenbindung zu stärken und Stammkunden zu gewinnen.
4. **Steigerung der physischen Besuche:** Durch gezielte Werbung können Sie mehr Kunden in Ihr Geschäft oder Ihr Restaurant locken.

Beispiele für Geolokales Marketing

Schauen wir uns einige Beispiele an, wie Kleinunternehmen von Geolokalem Marketing profitieren können:

Beispiel 1: Einzelhandelsgeschäft

Ein kleines Einzelhandelsgeschäft verwendet gezielte Facebook-Anzeigen, um Personen in der Nähe auf eine Sonderaktion aufmerksam zu machen. Kunden, die die Anzeige sehen und das Geschäft besuchen, erhalten einen Rabatt.

Beispiel 2: Restaurant

Ein Restaurant setzt auf In-App-Werbung, um Nutzer von Lebensmittel-Liefer-Apps anzusprechen. Wenn Kunden in einem bestimmten geografischen Gebiet bestellen, erhalten sie eine Benachrichtigung über ein spezielles Angebot des Restaurants.

Beispiel 3: Friseursalon

Ein Friseursalon nutzt eine mobile App, um Kunden an ihren bevorstehenden Termin zu erinnern und bietet ihnen einen Rabatt an, wenn sie einen Freund mitbringen. Die App verwendet GPS, um festzustellen, ob sich der Kunde in der Nähe des Salons befindet.

In den nächsten Abschnitten werden wir uns intensiv mit den Strategien und Taktiken für Geolokales Marketing und In-App-Werbung befassen. Wir werden Ihnen auch zeigen, wie Sie die besten Plattformen und Tools nutzen können, um die gewünschten Ergebnisse zu erzielen. Ihre Reise zur regionalen Dominanz setzt sich fort, und wir sind hier, um Sie auf jedem Schritt zu begleiten!

Kapitel 10: Künstliche Intelligenz und Marketingautomation: Die Zukunft Ihres Unternehmens

Herzlich willkommen zu einem der spannendsten Kapitel unseres Bestseller-eBooks über Digitales Marketing für Kleinunternehmen! In diesem Abschnitt werden wir die faszinierende Welt der Künstlichen Intelligenz (KI) und Marketingautomation erkunden. Diese Technologien sind der Schlüssel zur Effizienzsteigerung, zur personalisierten Kundenansprache und zur Steigerung Ihres Geschäftserfolgs. Tauchen Sie ein in die Zukunft des Marketings und erfahren Sie, wie Sie KI und Automatisierung in Ihrem Kleinunternehmen einsetzen können!

Warum ist Künstliche Intelligenz entscheidend?

Künstliche Intelligenz hat die Art und Weise, wie Unternehmen Marketing betreiben, revolutioniert. Hier sind einige Gründe, warum KI für Ihr Kleinunternehmen von großer Bedeutung ist:

1. **Personalisierung:** KI ermöglicht es Ihnen, personalisierte Marketingbotschaften und Angebote für jeden einzelnen Kunden zu erstellen, was die Kundenbindung und Konversionsraten steigert.
2. **Effizienz:** Automatisierung von Marketingaufgaben wie E-Mail-Marketing, Social Media-Planung und Lead-Nurturing ermöglicht es Ihrem Team, sich auf strategische Aufgaben zu konzentrieren.
3. **Datenanalyse:** KI kann große Datenmengen analysieren und wertvolle Erkenntnisse liefern, die zur Verbesserung Ihrer Marketingstrategie genutzt werden können.
4. **Zeitersparnis:** Durch die Automatisierung können Sie Aufgaben schneller erledigen und mehr in derselben Zeit erreichen.

Beispiele für KI und Marketingautomation

Lassen Sie uns einige Beispiele betrachten, wie Kleinunternehmen von KI und Marketingautomation profitieren können:

Beispiel 1: E-Mail-Marketing

Ein kleines E-Commerce-Unternehmen verwendet KI, um personalisierte Empfehlungen in seinen E-Mail-Marketingkampagnen zu integrieren. Kunden erhalten automatisch Produktempfehlungen, die auf ihrem früheren Kaufverhalten basieren.

Beispiel 2: Social Media-Management

Ein Café automatisiert seine Social Media-Beiträge und verwendet KI, um die besten Zeiten für Veröffentlichungen zu ermitteln. Dadurch erreicht es mehr Kunden in den sozialen Medien.

Beispiel 3: Chatbots für Kundenservice

Ein Online-Shop implementiert einen Chatbot auf seiner Website, der Kundenfragen sofort beantwortet und Bestellungen entgegennimmt, 24/7. Dies führt zu einer verbesserten Kundenzufriedenheit und Umsatzsteigerung.

In den kommenden Abschnitten werden wir uns detailliert mit den verschiedenen Anwendungen von KI und Marketingautomation befassen, von Chatbots über personalisierte Marketingkampagnen bis zur Datenanalyse. Wir werden Ihnen auch bewährte Strategien und Tools vorstellen, die Ihr Kleinunternehmen auf die nächste Stufe bringen werden. Ihre Reise zur Zukunft des Marketings beginnt jetzt, und wir sind hier, um Sie auf jedem Schritt zu begleiten!

KI-Anwendungen im Marketing: Eine Revolution für Ihr Kleinunternehmen

Künstliche Intelligenz (KI) ist nicht länger eine faszinierende Zukunftsvision, sondern eine unverzichtbare Realität im heutigen Marketing. In diesem Abschnitt werden wir eintauchen in die spannende Welt der KI-Anwendungen im Marketing und Ihnen zeigen, wie diese Technologie Ihr Kleinunternehmen auf ein neues Level heben kann. Von der Personalisierung bis zur automatisierten Analyse, KI ist der Schlüssel zur Effizienzsteigerung und Kundenbindung.

Personalisierte Marketingkampagnen

Eine der beeindruckendsten Anwendungen von KI im Marketing ist die Fähigkeit, personalisierte Marketingkampagnen zu erstellen. Stellen Sie sich vor, Sie könnten jede Ihrer Marketingbotschaften und Angebote individuell an die Bedürfnisse und Vorlieben jedes Kunden anpassen. Mit KI ist das möglich. Hier ist ein Beispiel, wie ein kleines Einzelhandelsgeschäft davon profitieren könnte:

Kleines Einzelhandelsgeschäft:

Ein lokales Bekleidungsgeschäft verwendet KI, um personalisierte E-Mail-Marketingkampagnen zu erstellen. Dank einer fortgeschrittenen Empfehlungs-Engine werden Kunden automatisch Produkte vorgeschlagen, die ihren früheren Einkäufen ähneln. Kunden, die vor kurzem Winterkleidung gekauft haben, erhalten beispielsweise Empfehlungen für passende Accessoires oder Stiefel.

Chatbots und Kundenservice

Chatbots sind ein weiteres beeindruckendes Beispiel für KI-Anwendungen im Marketing. Diese automatisierten virtuellen Assistenten können auf Websites, in Apps oder auf Social Media-Plattformen eingesetzt werden, um Kundenfragen zu beantworten, Bestellungen entgegenzunehmen und sogar Beschwerden zu bearbeiten. Hier ist ein Beispiel:

Online-Shop für Elektronik:

Ein kleiner Online-Shop verwendet einen Chatbot auf seiner Website, um Kunden bei technischen Fragen zu unterstützen und Bestellungen abzuwickeln. Der Chatbot kann auch häufig gestellte Fragen beantworten und Kunden zu den neuesten Produkten führen. Dadurch spart das Unternehmen Zeit und Ressourcen im Kundenservice.

Datenanalyse und Vorhersagen

KI ist unschätzbar wertvoll, wenn es darum geht, große Datenmengen zu analysieren und daraus wertvolle Erkenntnisse zu gewinnen. Dies ermöglicht es Unternehmen, fundierte Entscheidungen zu treffen und zukünftige Trends vorherzusagen. Hier ist ein Beispiel:

Restaurantkette:

Eine Restaurantkette verwendet KI, um Daten aus verschiedenen Standorten zu analysieren. Basierend auf diesen Analysen kann das Unternehmen Vorhersagen über Nachfrage, saisonale Trends und beliebte Gerichte treffen. Dies hilft bei der Optimierung des Angebots und der Ressourcenallokation.

In den kommenden Abschnitten werden wir diese Anwendungen von KI im Marketing und viele andere detailliert behandeln. Sie werden lernen, wie Sie KI-Tools in Ihr Kleinunternehmen integrieren können, um Ihre Marketingbemühungen zu revolutionieren und bessere Ergebnisse zu erzielen. Ihre Reise in die Welt der KI beginnt jetzt, und wir sind hier, um Sie auf jedem Schritt zu begleiten!

Personalisierung und Kundenbindung durch KI: Die Revolution des Kundenkontakts

Personalisierung und Kundenbindung sind Eckpfeiler eines erfolgreichen Marketings. Doch wie kann Künstliche Intelligenz (KI) dazu beitragen, diese wichtigen Aspekte zu verbessern? In diesem Abschnitt werden wir eintauchen in die faszinierende Welt der personalisierten Kundenansprache durch KI und zeigen, wie dies Ihrem Kleinunternehmen dabei helfen kann, Kunden stärker zu binden und das Kundenerlebnis zu optimieren.

Die Macht der Personalisierung

Personalisierung bedeutet, dass Sie Ihre Marketingbotschaften und Angebote auf die individuellen Bedürfnisse, Vorlieben und Verhaltensweisen Ihrer Kunden zuschneiden. Dank KI können Sie diese Personalisierung auf ein nie dagewesenes Niveau heben. Hier ist ein Beispiel, wie ein kleines Café von personalisierten Marketingkampagnen profitieren kann:

Café:

Ein kleines Café verwendet KI, um personalisierte Angebote an seine Stammkunden zu senden. Kunden, die regelmäßig Cappuccinos bestellen, erhalten beispielsweise Sonderangebote für Kaffeebohnen oder exklusiven Zugang zu Verkostungsveranstaltungen. Diese personalisierten Angebote stärken die Kundenbindung und fördern den Umsatz.

Dynamische Website-Inhalte

KI ermöglicht es auch, Website-Inhalte dynamisch an die Bedürfnisse des Nutzers anzupassen. Dies bedeutet, dass jeder Besucher Ihrer Website ein maßgeschneidertes Erlebnis hat. Hier ist ein Beispiel aus der Reisebranche:

Reisebüro:

Ein kleines Reisebüro verwendet KI, um die Inhalte seiner Website basierend auf den bisherigen Suchanfragen und dem Verhalten der Besucher anzupassen. Wenn ein Kunde nach Flügen nach Paris sucht, werden auf der Website automatisch Angebote für Paris-Reisen und relevante Informationen angezeigt. Dies erhöht die Wahrscheinlichkeit, dass der Kunde eine Buchung vornimmt.

Automatisierte Empfehlungen

Eine der beeindruckendsten Anwendungen von KI ist die Fähigkeit, automatisierte Empfehlungen abzugeben. Hierbei analysiert die KI das Verhalten des Kunden und schlägt Produkte oder Dienstleistungen vor, die zu seinen Interessen passen. Hier ist ein Beispiel aus der Modebranche:

Modeboutique:

Eine kleine Modeboutique verwendet KI, um automatisch Empfehlungen für Kleidungsstücke abzugeben, die Kunden basierend auf ihren bisherigen Einkäufen und ihrem Stil mögen könnten. Diese Empfehlungen werden in E-Mails, auf der Website und in der mobilen App angezeigt und steigern die Verkäufe und die Zufriedenheit der Kunden.

In den kommenden Abschnitten werden wir tiefer in die Personalisierung durch KI eintauchen und Ihnen zeigen, wie Sie diese Technologie in Ihrem Kleinunternehmen implementieren können. Ihre Reise zur Steigerung der Kundenbindung und zur Verbesserung des Kundenerlebnisses beginnt jetzt, und wir sind hier, um Sie auf jedem Schritt zu begleiten!

Zukunftstrends im Digitalen Marketing: Auf dem Weg zu neuen Horizonten

Die Welt des digitalen Marketings ist ständig in Bewegung, und die Zukunft verspricht aufregende Entwicklungen, die die Art und Weise, wie Unternehmen mit ihren Kunden interagieren, weiter verändern werden. In diesem Abschnitt werden wir uns mit den vielversprechendsten Zukunftstrends im digitalen Marketing befassen und aufzeigen, wie diese Trends Ihr Kleinunternehmen in neue Höhen führen können.

1. KI und Automatisierung: Die Evolution setzt sich fort

Künstliche Intelligenz (KI) und Automatisierung sind bereits integraler Bestandteil des digitalen Marketings, aber ihr Einfluss wird in der Zukunft noch stärker werden. KI wird noch besser darin, Kundenverhalten vorherzusagen und personalisierte Empfehlungen abzugeben. Hier ist ein Beispiel aus der Lebensmittelbranche:

Online-Supermarkt:

Ein Online-Supermarkt verwendet fortschrittliche KI, um nicht nur vorherzusagen, welche Produkte ein Kunde als nächstes kaufen wird, sondern auch, wann er sie kaufen wird. Dies ermöglicht es dem Supermarkt, personalisierte Angebote und Erinnerungen an Kunden zu senden, um sicherzustellen, dass sie nie wieder ihre Lieblingsprodukte vergessen.

2. Video-Marketing: Der Aufstieg von Videoinhalten

Videoinhalte sind bereits sehr beliebt, aber sie werden in der Zukunft noch wichtiger werden. Die Verwendung von Live-Streams, 360-Grad-Videos und interaktiven Videos wird zunehmen. Hier ist ein Beispiel aus der Fitnessbranche:

Personal Trainer:

Ein persönlicher Fitnesstrainer bietet Live-Workout-Sitzungen über soziale Medien an. Während des Workouts können die Zuschauer Fragen stellen und Feedback geben, was eine interaktive und engagierte Erfahrung schafft.

3. Voice Search und sprachgesteuerte Geräte: Neue Wege der Suche

Mit dem Aufkommen von sprachgesteuerten Geräten wie Smart Speakern und der kontinuierlichen Verbesserung der Voice Search-Technologie wird sich die Art und Weise ändern, wie Menschen nach Informationen suchen. Hier ist ein Beispiel aus der Gastronomie:

Restaurant:

Ein kleines Restaurant optimiert seine Online-Präsenz für Voice Search. Wenn ein Kunde fragt: "Wo kann ich heute in der Nähe Pizza bestellen?", möchte das Restaurant sicherstellen, dass es in den Suchergebnissen auftaucht und eine Bestellmöglichkeit über Sprachbefehle bietet.

4. Nachhaltiges Marketing: Die Macht des grünen Marketings

Nachhaltigkeit wird nicht nur ein Trend, sondern ein entscheidender Faktor im digitalen Marketing der Zukunft sein. Verbraucher werden zunehmend darauf achten, wie umweltfreundlich und sozial verantwortlich Marken agieren. Hier ist ein Beispiel aus der Modebranche:

Umweltbewusste Modelinie:

Eine umweltfreundliche Modelinie betont ihre nachhaltigen Materialien und Produktionsprozesse in ihren digitalen Marketingkampagnen. Dies zieht umweltbewusste Kunden an und trägt zur Markenloyalität bei.

5. Virtual Reality (VR) und Augmented Reality (AR): Die Zukunft der Immersion

Virtual Reality und Augmented Reality werden nicht nur für Gaming verwendet, sondern auch im Marketing. Kunden können Produkte in virtuellen Umgebungen erleben und ausprobieren, bevor sie kaufen. Hier ist ein Beispiel aus der Möbelbranche:

Möbelgeschäft:

Ein Möbelgeschäft bietet Kunden die Möglichkeit, mithilfe von VR-Brillen virtuell durch ihre Wohnräume zu gehen und verschiedene Möbelstücke auszuprobieren, um zu sehen, wie sie in ihre Einrichtung passen würden.

Die Zukunft des digitalen Marketings verspricht eine aufregende Reise voller Innovationen und neuer Möglichkeiten. Als Kleinunternehmer haben Sie die Chance, diese Trends zu nutzen, um Ihr Geschäft auf die nächste Stufe zu heben und Ihre Kunden noch besser zu bedienen. Ihre Reise in die Welt der digitalen Marketingzukunft beginnt jetzt, und wir sind hier, um Sie auf diesem spannenden Weg zu begleiten!

Ein Herzliches Dankeschön und Ein Blick in die Zukunft

Liebe Leserinnen und Leser,

Zuallererst möchte ich mich von ganzem Herzen bei Ihnen bedanken. Sie haben dieses Buch bis zum Schluss gelesen, und ich hoffe, es hat Ihnen wertvolle Einblicke in die Welt des digitalen Marketings gegeben. Ihre Zeit und Ihr Interesse bedeuten mir viel, und ich hoffe, dass Sie von den Informationen und Ideen, die Sie hier gefunden haben, profitieren können.

Das digitale Marketing ist eine ständig wachsende und sich verändernde Landschaft, und es gibt immer mehr zu entdecken und zu lernen. In dieser schnelllebigen Welt ist es von entscheidender Bedeutung, auf dem Laufenden zu bleiben und sich ständig weiterzuentwickeln. Die Möglichkeiten sind endlos, und neue Technologien und Trends bieten immer wieder neue Chancen für Ihr Unternehmen.

Ich lade Sie ein, neugierig zu bleiben und Ihre Reise im digitalen Marketing fortzusetzen. Experimentieren Sie mit neuen Strategien, erforschen Sie aufkommende Trends und bleiben Sie offen für Veränderungen. Die Welt des Marketings hat unendlich viel zu bieten, und ich bin zuversichtlich, dass Sie auf Ihrem Weg erfolgreich sein werden.

Wenn Sie weitere Fragen haben oder Unterstützung benötigen, zögern Sie nicht, mich zu kontaktieren. Ich stehe Ihnen gerne zur Verfügung, um Ihre Fragen zu beantworten und Ihnen bei Ihren digitalen Marketingbemühungen zu helfen.

Nochmals vielen Dank für Ihr Interesse und Ihre Zeit. Ich wünsche Ihnen viel Erfolg auf Ihrer Reise im digitalen Marketing und freue mich darauf, von Ihren Erfolgen zu hören.

Mit herzlichen Grüßen,

Faruk Toycu

www.ingramcontent.com/pod-product-compliance
Lightning Source LLC
Chambersburg PA
CBHW062254290526
45794CB00006B/2546